Der kleine

Neuseeland
Verführer

Über dem Land liegt helles, reines Licht
und – manchmal noch – tiefe Stille.

Thomas S. Frank

BRUCKMANN

Thomas S. Frank · Clemens Emmler

Der kleine
Neuseeland
Verführer

**Impressionen aus
dem Land der Gletscher,
Wasserfälle und Geysire**

BRUCKMANN

Inhalt

Auckland – Bay of Islands – Cape Reinga – Waipoua Kauri Forest
Außerhalb der Metropole beginnt eine spannende Zeitreise in koloniale Historie: Den Schauplatz der Staatsgründung bewahrt ein Museum, vom einst üppigen Kauri-Wald zeugen nur mehr ein paar Baumriesen.

Coromandel Peninsula – Bay of Plenty – Eastland – Hawkes Bay
Entlang der Küste unterbrechen viele Sandstrände und Badebuchten die lange Fahrt zum Eastland. Hier hat die Zivilisation hervorragende Weine, Früchte in rauen Mengen und ein städtisches Ensemble in stilsicherem Art déco hervorgebracht.

Am Whanganui River
Von märchenhaft anmutenden Thermalgebieten hinauf zu schroffen Kratern und hinab in romantisch illuminierte Glühwürmchenhöhlen. Der Vulkan im Westen ist ein Wanderparadies. Als Rhein Neuseelands passiert der Whanganui River abgelegene Maori-Dörfer und gibt den Weg frei in eine dicht bewaldete, menschenleere Wildnis.

Wellington – Martinborough – Masterton – Castlepoint
Wellington hat's in sich: spannende Museen, schicke Mode, exzellente Restaurants und von den Hügeln tolle Ausblicke auf die Hafenbucht. Außerhalb lockt die ländliche Weingegend oder die bizarr geformte Felsküste.

Einsamkeit und herrliche Küsten erwarten einen auf der Coromandel-Halbinsel.

Das Land der weißen Wolke erleben

Ein wahr gewordenes Wunder

Am Anfang der Zeit, so erklären es die Maori, Neuseelands erste Siedler, war die Welt eine Schale, umgeben von leerem Raum. In dieser Schale flutete das endlose Meer, nur an ihrem Rand war eine schmale Sandbank aufgehäuft. Die Sonne wanderte jeden Tag über die Schale, in der Nacht tauchte sie darunter durch. Zu Beginn hatten alle auf der Sandbank lebenden Menschen noch genügend Platz, aber dann wurden sie so zahlreich wie die Vögel am Himmel. Das führte zu Hass und Streit. Also fasste Maui, der Halbgott im Leib eines Jungen, einen Plan, um genug Land zu schaffen für alle: Zunächst versteckte er sich unter den Planken eines Kanus, mit dem seine großen Brüder aufs offene Meer zum Fischen fuhren. Erst als sie auf hoher See waren, zeigte sich Maui mit einer langen Angelschnur und einem mächtigen Haken in der Hand. Die Brüder ahnten Böses und gaben ihm keine Köder für den Haken. Doch Maui störte

sich nicht daran: Heimlich schlug er sich auf seine Nase, bis sie blutete, und schmierte sich dann das gestockte Blut auf seinen Angelhaken, den er daraufhin unbemerkt in der See versenkte, tiefer und tiefer.

Anglerlatein aus der Mythologie

Auf einmal biss etwas an, das kein gewöhnlicher Fisch sein konnte: Ein enormer Ruck erschütterte das Boot, und als Maui begann, die Leine einzuholen, senkte es sich bedrohlich. Nur mühsam gelang es den Ruderern, das Boot über Wasser zu halten, bis das Ungeheuer an der Oberfläche war: »Te Ika a Maui« – »der Fisch von Maui«.

Aus diesem sagenhaften Fisch also wurde dann in der Legende die Nordinsel Neuseelands: Noch heute erkennt man aus der Luft seinen Schwanz im Norden, wie bei einem Stachelrochen, das Maul im Süden. Auch zwei Augen sind aus der Luft zu sehen: Das zuerst erschienene – der Wairarapa-See – ist mit Süßwasser gefüllt, das andere – der Hafen von Wellington – mit Salzwasser.

Links: Strandritt an der Bay of Plenty – Rechts: Ein Riesenfarn im Kahurangi National Park, der das zweitgrößte unter Naturschutz stehende Gebiet des Landes umfasst.

Die südliche Spitze von Hawkes Bay, jenem Ort, wo Maui den Haken ablegte, nachdem er ihn aus dem Fischmaul zog, heißt bis heute »Te Matau a Maui« – »der Angelhaken von Maui«. Doch damit ist die Geschichte noch nicht zu Ende: Maui verbot den Brüdern, Stücke aus dem seltsamen Riesenfisch zu schneiden, aber sie kümmerten sich nicht darum, sondern sprangen gierig vom Boot auf den Rücken des Fisches, schnitten und hackten in sein Fleisch, worauf die sich windende Gestalt wild mit ihrer Schwanzflosse um sich schlug, bis sie schließlich erstarrte – deshalb ist die Nordinsel heute so zerklüftet. Maui befahl auch, das Boot nahe am Fisch zu halten. Aber wieder gehorchte niemand: Während alle mit der Beute beschäftigt waren, trieb das Kanu ab und bildete, als es endlich zur Ruhe kam, die heutige Südinsel Neuseelands – die durch weites, wildes Wasser von der Nordinsel getrennt ist …

Spielball der Elemente

Neuseeland besteht neben den beiden großen noch aus einer Reihe kleinerer Inseln. Alles zusammen sind es 270 000 Quadratkilometer Land –

etwa so groß wie Großbritannien, bewohnt von 4,4 Millionen Menschen.

Auf Karten wirken die ins schier endlose Blau der Meere getupften grünen Inselkleckse filigran, isoliert, verletzlich, und tatsächlich – Neuseeland ist

der Lieblingsspielball vieler Elemente: Im Westen donnern meterhohe Brecher der Tasman-See gegen das Land, im Osten gräbt der Pazifik an der Küstenlinie. Der Wind treibt ein ungebremstes Spiel: Vom Äquator bläst er heiße, trockene Luft hierher; aus der Antarktis, also aus südlicher Richtung, kann es eiskalt wehen.

Heißes Pflaster und stets unter Dampf

Tief in der Erde stoßen die australische und die pazifische Platte aneinander, was regelmäßig Beben auslöst. Gelegentlich dringt davon auch etwas an die Oberfläche – mit segensreichen Folgen wie im Jahr 1855 in Wellington, als der Küstenboden um eineinhalb Meter angehoben wurde, aber auch mit schlimmen Folgen wie zuletzt in Christchurch, wo am 22. Februar 2011 große Teile des Stadtgebiets zerstört wurden und fast 200 Menschen den Tod fanden.

In der Mitte der Nordinsel liegen zwei Verwerfungen der Erdkruste übereinander. Das lässt Geysire fauchen, heiße Schlammtümpel blubbern und ganze Vulkanbatterien wachsen: Bei Rotorua blockierte der Lavafluss Täler und Bäche und schuf eine herrliche Seenlandschaft. König Ruapehu ist mit 2797 Metern der höchste Berg der Nordinsel und gehört zu den seltenen aktiven Vulkanen mit einem Kratersee. Letzterer verändert je nach Befindlichkeit seine Temperatur: Mal friert er zu, mal kocht er (über). Dann geht von dem See im Gipfel die größte Gefahr aus: Durchsetzt mit Gesteinstrümmern donnert das Kraterwasser an den steilen Flanken zu Tal. 1953 hat eine verheerende Schlammflut bei Tangiwai eine Eisenbahnbrücke weggerissen; Minuten später stürzte der Schnellzug Auckland–Wellington in die brodelnde Schlucht, und 151 Menschen starben. Am 23. September 1995 ging es dagegen noch glimpflich

Links: Am Waitangi Day feiern die Maori in traditioneller Kleidung. –
Rechts: Der Pohutukawa-Baum blüht um Weihnachten rot.

ab. Zwar donnerte die Schlammlawine über das Skifeld an Ruapehus Flanke – jenes war aber genau 57 Minuten zuvor geschlossen worden …

Helfen statt heulen

Wenn niemand zu Schaden kommt, können Überschwemmungen, Unwetter und Lawinen in Neuseeland fast den Charakter eines Volksfestes bekommen: Die Männer ziehen sich ihr Ölzeug an und gehen pfeifend hinaus in das Sauwetter, Ordnung schaffen; die Frauen stellen Heißwasser für den Tee auf und backen Plätzchen für die Rückkehr der Helden. Das mag in europäischen Augen vielleicht etwas schrullig wirken, hat aber durchaus nachvollziehbare Gründe. Männer wie Frauen werden daran erinnert, dass in Neuseeland die Natur den Menschen beherrscht, nicht umgekehrt. Und das ist vielleicht doch ein recht beruhigender Gedanke.

Junges, altes Land

Neuseeland gilt als ein junges Land. Gut möglich, dass es einmal Teil des Urkontinents Gondwana war, denn biologische Relikte aus Urzeiten haben überlebt: Die Kauri-Fichte (Agathis australis) ist ein wuchtiger, urtümlicher Baum. Ihr Stamm kann bis zu 20 Meter Umfang erreichen, die Krone öffnet sich erst 25 Meter über dem Boden. Die Artgenossen der Brückenechse Tuatara (Sphenodon) schleichen schon seit 200 Millionen Jahren auf der Welt umher. Alt sind auch die Laufvögel, die vielleicht schon vor etwa 100 Millionen Jahren aus Südamerika über die Landbrücke Antarktis nach Neuseeland einwanderten. Allen voran marschierte der Moa: Sein Gardemaß von drei Metern machte ihn zum größten Vogel, der je gelebt hat; selbst heute sind nur Giraffe und Elefant größer. Als wehrloser Vegetarier mit Keulen wie Ochsenschlegel wurde er die Beute erster Siedler. Die letzte seiner 13 Unterarten dürfte vor rund 200 Jahren ausgestorben sein.

Sein kleiner, scheuer Weggefährte entging diesem Schicksal. Der Kiwi kommt nur nachts aus seinem Versteck im Unterholz, um mit seinem langen, empfindlichen Schnabel nach Würmern im Boden zu graben.

Links: Das Farnblatt steht für Neuseeland … Rechts: … wie der Milford Sound.

Er gilt heute als nationales Symbol; darüber hinaus bezeichnen sich die Neuseeländer selbst als »Kiwis«.

Eine letzte Landbrücke verband Neuseeland einst mit der Westantarktis, bis sie vor rund 80 Millionen Jahren brach – seither sind die Inseln auf allen Seiten von tiefen Meeren umgeben. So isoliert blieb das Land bis heute schlangenfrei, verhinderte aber auch den Zuzug sympathischer Gesellen wie Koala, Känguru und – später – Säugetieren.

Erste Siedler

Neuseeland war lang ein Land der Vögel und Fische. Erst als in Europa die ersten gotischen Dome gebaut wurden, betraten Menschen neuseeländischen Boden – polynesische Seefahrer aus den Tiefen des Pazifiks, die das letzte große Landstück der Erde entdeckten und allmählich besiedelten. Schon diese ersten Menschen veränderten die Umwelt wesentlich: Sie brachten Ratten und Hunde mit, legten Feuer, wenn sie die Moas jagten. Auf diese Weise entwaldeten sie ganze Landstriche und dezimierten die Vogelarten.

Als Kapitän James Cook 1769 an Land ging, pflanzte er Kartoffeln an und ließ Schweine frei, die verwilderten und deren Nachfahren noch heute als »Captain Cooker« gejagt werden. Schlimmere Folgen hatten seine fast fehlerfreien Karten der beiden Inseln, die er von seiner Reise mitbrachte. Sie lock-

ten Abenteurer aus der ganzen westlichen Welt in den Südpazifik: Walfänger und Robbenjäger vernichteten Wal- und Seehundherden fast zur Gänze, Holzfäller arbeiteten sich durch die riesigen Kauri-Wälder, und die nachfolgenden Siedler brannten weiteres Holz ab, um Weiden für ihre Schafe und Rinder zu schaffen. Wohl aus Heimweh pflanzten sie aber auch Alleen von Platanen und Trauerweiden an und bürgerten allein bis zum Ersten Weltkrieg 50 Tier- und Fischarten ein, von denen viele – Hirsche, Ziegen, Hasen und Forellen – hier heute weitverbreitet sind. Neuseeland wurde also verändert, aber nicht zerstört. Viel herrliche Natur blieb in den großen Nationalparks völlig unberührt erhalten und wo es Wunden gab, beginnen sie zu heilen. Selten gewordene Vogelarten erholen sich – manche, wie der Kiwi, in Ruhezonen der Naturschutzbehörde DoC (Department of Conservation); andere wie der Hoiho-Pinguin bei Dunedin auf dem Gebiet einsichtiger Farmer. An den Küsten sind Seehundherden und Delfine unter strengem Schutz wieder sehr viel häufiger geworden. Selbst die Wale kehrten zurück. Vor der Ostküste der Südinsel kann man bei Kaikoura Herden der sanften Riesen beim Spiel beobachten.

Die Welt der Maori

Vor etwa 2000 Jahren erforschten südostasiatische Völker die entlegeneren Teile des Pazifiks – unter anderem Neuseeland. Angetrieben von Wind und Wellen paddelten und segelten die »Wikinger des Ostens« damals in offenen Booten bis zu 5000 Kilometer über das Meer. In Neuseeland entstanden aus solchen Bootsbesatzungen über 40 Stämme, deren Vergangenheit bis heute höchst lebendig ist. Viele Maori nennen

Links: Basstölpel am Cape Kidnappers – Rechts: Keine Flosse vor dem Maul: Eine gähnende Pelzrobbe

sich nach einem Stammvater, andere nach dem Kanu, mit dem ihre Vorfahren einst kamen.

Das neue Land tauften die Entdecker »Ao-tea-roa«, was zumeist als »Land der langen weißen Wolke« übersetzt wird. »Ao« bedeutet aber nicht nur Wolke, sondern auch Tageslicht. Die Übersetzung »Land der langen hellen Tage« ergibt vielleicht sogar eher Sinn: Die lange währende Dämmerung ist für Neuseeland typisch.

Anfangs siedelten die Polynesier vor allem auf der Südinsel, wo sie große Moa-Herden fanden. In dieser archaischen Periode passten sie sich an die hier vorgefundenen Lebensumstände an: Ihre früher großen und luftigen Hütten wurden klein und eng, um sie vor der Kälte und dem steten Wind zu schützen. Ihre alten Kleider aus Baumrinde ersetzten die Siedler durch solche aus »New Zealand Flax« – eine Pflanze (Phormium tenax), deren lange, dauerhafte Blattfasern sich zu Strängen drehen lassen. Doch das Leben blieb in der Regel hart und kurz. Eingehende Untersuchungen von Skeletten ergaben eine durchschnittliche Lebenserwartung von 30 Jahren der von Arthritis, Gaumenentzündungen und Zahnausfall geplagten Menschen. Als die Jagden im Süden unergiebig zu werden begannen, siedelten die Stämme auf die deutlich wärmerer Nordinsel um. Dabei entstand zum ersten Mal so etwas wie Siedlungsdruck. Vor allem um Küstenstreifen mit fruchtbaren Böden wurde gekämpft. Verbesserte Werkzeuge halfen dabei, die Hütten dauerhafter zu machen. Statt Vogelknochen und Steinsplitter kam Lavaglas (Obsidian) in Gebrauch, auch Jadestein (Pounamu) von der Südinsel – so hart und dauerhaft wie Stahl. Auf die archaische folgte die klassische Periode und mit ihr eine spezifisch neuseeländische Kultur ohne großes Zusammengehörigkeits- oder gar Nationalgefühl. Das gibt es bis heute nicht – »Maori« als Sammelbegriff bedeutet »normal« und wurde erst geläufig, als die Weißen einwanderten. Die Stämme haben keine Schrift und kein bürgerliches Gesetz, die Begriffe »tapu« (geweiht) und »noa« (gewöhnlich) regeln das Leben. Als

Links: Der Kea, ein blitzgescheiter Bergpapagei – Rechts: Wie Riesenspielzeug muten die Moeraki Boulders an, die an der Koekohe Beach verstreut liegen.

»tapu« geltende Berge dürfen nicht betreten, als »tapu« geltende Menschen nicht berührt werden. Das zweite wichtige Begriffspaar bilden »Mana« und »Utu« – Ansehen und Vergeltung. Wo das erste beleidigt worden ist, muss es durch das zweite wiederhergestellt werden. Und die Vergeltung muss herber ausfallen als die vorangegangene Beleidigung. So entstand eine Spirale der Gewalt, die die Maori fast ihre Existenz kostete, als sie über die Weißen an Schusswaffen kamen.

Fürsorgliche Invasion

Im Jahr 1642 ging der Holländer Abel Tasman im Auftrag des Gouverneurs von Java, Anthony van Diemen, mit den Schiffen »Heemskerck« und »Zeehaen« auf Erkundungsfahrt. Zuerst entdeckte er Tasmanien, am 13. Dezember sah er die Südalpen Neuseelands und segelte die wilde Westküste der Südinsel entlang, bis er schließlich eine ruhige geschützte Bucht erreichte, die heute »Golden Bay« heißt. Dort trafen erstmals Weiße auf Maori. Kaum lag der Holländer vor Anker, tönten vom Ufer her Muscheltrompeten – die polynesische Aufforderung zum Kampf.

Die Seeleute erwiderten das Signal und nahmen so unwissentlich die Herausforderung an. Als sie am nächsten Tag ein Beiboot aussetzten, wurden sie von den Maori angegriffen und vier Seeleute getötet, worauf Abel Tasman den Platz angewidert »Mörderbucht« nannte und in Richtung Norden absegelte, ohne auch nur einen Fuß an Land gesetzt zu haben. Erst im Jahr 1769 erfolgte der nächste Kontakt. James Cook landete an der Ostküste der Nordinsel, das Muster blieb gleich. Maori griffen an, Matrosen schossen, Cook ließ den Anker lichten und nannte den Platz »Poverty Bay« – Bucht der Armut (weil sie ihn sozusagen »arm zurückließ«). Für den Mann aus Yorkshire, der in den nächsten sechs Monaten alle 15 000 Kilometer der Küstenlinie absegelte, blieb dies nicht die letzte Begegnung der unerfreulichen Art: Immer wieder wurde seine Crew angegriffen, bestohlen und erpresst; auf der Insel Arapawa sollen zehn seiner Leute getötet und verzehrt worden sein. Doch der legendäre Seemann war in seinem Entdeckerdrang kaum zu bremsen, und als er 1771 nach England zurückkehrte, machte er mit seinen kartografischen Aufzeichnungen Neuseeland zu einem Teil der damals bekannten Welt.

Knapp 30 Jahre später, um das Jahr 1800, entstand schließlich die erste »weiße Siedlung« bei Kororareka (Russell) an der Bay of Islands im subtropischen Norden Neuseelands. Pilgerväter waren hier wohl kaum am Werk – zum Kontingent der Weißen gehörten  Walfänger, Robbenjäger und Händler in Glasperlen und Schrumpfköpfen; die »Gastgeber«, das Kriegervolk der Nga Puhi, waren allerdings nicht viel sympathischer: Sie hielten sich ihre friedlicheren Nachbarn als Sklaven, die ihre Flax-Plantagen bestellten, für sie in den Bordellen der Bretterbudenstadt Geld verdienten und, so heißt es jedenfalls, bei Bedarf auch höchstselbst den Speiseplan erweiterten.

Erst ab dem Jahr 1814 kamen Missionare ins Land, brachten Pferde und Rinder mit, lehrten die Maori das Lesen, Schreiben und den Ackerbau. Religiöse Bekehrungen waren sehr viel schwieriger zu bewerkstelligen: Erst als Nga-Puhi-Häuptlinge zum christlichen Glauben übertraten und Sklaven freiließen, änderte sich das Bild, weil die heimkehrenden ehemaligen Sklaven bei ihren Verwandten sehr erfolgreich für die neue Religion werben konnten.

Zu Beginn des Jahres 1840 lebten knapp 2000 Weiße an den Küsten Neuseelands. Ihnen standen 100 000 Maori gegenüber, die alle Entscheidungen trafen und das Land kontrollierten. Und dennoch wurde Neuseeland in diesem Jahr von den Briten annektiert – mit dem Segen von Maori-Häuptlingen. Für dieses scheinbare Paradox gibt es einige gute Gründe: Mitleidlos machten die inzwischen bewaffneten Stämme Jagd auf ihre schwächeren Nachbarn, bis einstmals blühende Siedlungsgebiete wie der Isthmus von Auckland völlig entvölkert waren und viele Maori-Führer nur noch einer exterritorialen Macht zutrauten, Ordnung und Frieden zu schaffen. In England spielten allerdings weniger humanitäre als finanzielle Interessen eine Rolle: Die Londoner New Zealand Company, in den Händen von Adeligen und Bischöfen, wollte das Land »geordnet kolonisieren« und brauchte dazu die Hilfe einer Ordnungsmacht. Am 6. Februar 1840, der offiziellen Geburtsstunde des neuseeländischen

Links: Kolonisten rodeten die Urwälder radikal für Viehweiden. –
Rechts: Immer mit Hund unterwegs: ein Schafzüchter auf seinem Quad

Staates, schlossen britische Unterhändler und knapp 50 Maori-Häuptlinge auf der Halbinsel Waitangi in der Bay of Islands einen Vertrag, mit dem einerseits die Oberhoheit der britischen Krone anerkannt wurde und andererseits die Maori alle privaten wie kollektiven Eigentumsrechte an ihrem Land bestätigt bekamen. Dieser Vertrag wurde mit Boten zu den einzelnen Stämmen gebracht, bis er mehr als 500 – aber eben nicht alle – Unterschriften trug: Mancher Stammeshäuptling verweigerte damals die Unterschrift, weil er den Verlust politischer Macht und Selbstständigkeit voraussah, der in der Tat dazu führte, dass sich schon bald darauf viele Maori wie Fremde im eigenen Land fühlten …

Schmelztiegel mit Trennwänden

Die Neuseeländer sind ein buntes Volk: Auf 100 Kiwis kommen heute 76 Weiße, 15 Maori, sechs stammen von Inseln im Pazifik, zwei aus China und einer aus Indien. Sie alle genießen gleiche Rechte und leben im Alltag meist friedlich nebeneinander, wobei die Betonung allerdings eher auf »neben« liegt. Die weißen Neuseeländer, Paheka genannt, dominieren im Straßenbild. In drei von vier Fällen haben sie Verwandte in Großbritannien, doch ihre Bindung an dieses Land ist eher lau, wenn auch das »royal watching« – das Sammeln und Austauschen von Neuigkeiten über das englische Königshaus – sehr beliebt ist. Zur Pflege alter Familientraditionen gehören auch schottische Hochlandspiele und die Feier des irischen St. Patricks Day.

Neben Iren und Holländern wanderten auch viele Deutsche und Österreicher in Neuseeland ein. Ihre alten Siedlungen findet man etwa in Puhoi, nördlich von Auckland, und in Upper Moutere bei Nelson. Heute zieht es wohlhabende Einwanderer vor allem in die Bay of Islands, wo zum Beispiel der Maler Friedensreich Hundertwasser lebte. Aussteiger fühlen sich dagegen an der Westküste der Südinsel am wohlsten, auf Stewart Island und in der sonnigen Golden Bay: Hier stellen Deutsche inzwischen ein Viertel der Bevölkerung.

Menschen aus Asien stellen die dynamischste ethnische Gruppe im Land. Sie ist allein bis 1996 um 74 Prozent auf 173 000 Menschen angewachsen, bis 2001 auf 237 000 Menschen – darunter auch eine starke Fraktion von Hongkong-Chinesen, die der Heimholung in die Volksrepublik zuvorkommen wollten. Viele dieser meist gebildeten Leute haben inzwischen ihre teuren Kleinwohnungen gegen große Villen mit Gärten in Auckland getauscht (Lieblingsvorort: Howick) und kaufen ihren Kindern Calvin-Klein-Jeans sowie flotte Sportwagen für den Privatschulbesuch.

Bei der Volkszählung im Jahr 1996 fühlten sich 523 374 Menschen als Maori; weitere 50 000 gaben an, Maori-Vorfahren zu haben. Die zunehmende Bereitschaft vieler Neuseeländer, sich zu ihrem Maoritum zu bekennen, bringt ihnen auch ganz handfeste wirtschaftliche Vorteile: Nachdem sich die neuseeländische Regierung endlich dazu durchgerungen hat, das alte Unrecht um Land und Freiheit auszugleichen, können sie in den nächsten Jahren mit hohen Entschädigungszahlungen rechnen. Seit dem Jahr 1975 tagt das sogenannte Waitangi-Tribunal, vor dem Maori-Klagen gehört werden, die bis zum Jahr 1840, als der Waitangi-

Links: 44 Millionen Schafe, das sind je zehn für jeden Neuseeländer. – Rechts: Schaffarmer trifft man nie allein, sie werden immer von mindestens einem Hund begleitet.

Vertrag geschlossen wurde, zurückreichen können. Von diesem Tribunal werden tatsächliche oder vermeintliche Vertragsverletzungen untersucht und Empfehlungen an die Regierung ausgesprochen, die daraufhin versucht, einen Kompromiss auszuhandeln.

Im Jahr 1995 kam zum Beispiel so ein Ausgleich mit den Tainui zustande – einem Maori-Stamm, der durch unrechtmäßige Enteignungen in der Vergangenheit 600 000 Hektar Land verloren hatte. Die Tainui erhielten 170 Millionen Dollar Entschädigung und noch verfügbares Land zurück – Ngai Tahu, dem Hauptstamm der Südinsel, wurden in einem anderen Fall für seine 24 000 Mitglieder 195 Millionen Dollar Entschädigung zugesprochen.

Das reicht auch für eine Renaissance der Kultur: Ein populäres Programm vermittelt Maori-Ethik und -Sprache; es erreicht jedes Jahr Tausende Kinder. Und die nationale Rundfunkreform 1989 hat ebenfalls gewirkt: Vorher gab es einen Radiosender mit Maori-Programm, nun sind es gut zwei Dutzend. Seit 2004 strahlt ein vom Staat finanziertes Fernsehprogramm den ganzen Tag über nur in Maori-Sprache aus. Aber bis das Geld die Maori in ihrem Alltag erreicht, werden noch Jahre vergehen: Viele wohnen in den miesen Vierteln von Auckland, Wellington und Christchurch und sind in guten Berufen unterrepräsentiert. Zwar stellten Maori bereits Parlamentarier und selbst den Generalgouverneur (Sir Paul Reeves), aber diese Ausnahmen bestätigen nur die Regel. Unter den Maori ist die Arbeitslosenrate mehr als dreimal so hoch wie unter den Weißen, und im Verhältnis zu ihrem Bevölkerungsanteil werden sie viermal so häufig zu Gefängnisstrafen verurteilt.

Nationale Schrullen

Die neuseeländische Seele ist immer noch tief bäuerlich, auch wenn 90 Prozent der Menschen längst in kleinen Städten leben. Das führt zu Pragmatismus – Wert hat, was nützlich ist und mit ebenso viel Liebe wie

Links: Neuseelands Kinder stammen aus aller Welt. – Rechts: Am 6. Februar wird die Staatsgründung gefeiert. Dabei finden allseits beliebte Hakas (Kriegstänze) statt.

Geduld erhalten werden kann. Ein Beispiel dafür sind die vielen Old-timer und die teilweise uralten Farmmaschinen. In jedem Nest findet man den »Demolition Yard« – eine Art Trödler für allerlei Baumaterial. Der Umkehrschluss stimmt leider ebenfalls: Was sein Futter nicht verdient, wird schnell geschlachtet – das gilt für Schafe wie für Ideen oder für die Kunst: Im ganzen Land spielt nicht eine Oper. Bäuerlich-derb ist in vielen Fällen auch der Umgang mit dem Land. Neuseeländer düngen und sprühen, was das Zeug hält, Mülltrennung ist meistens nur ein Wort, und auch der Sonntagsausflug kann nur sehr bedingt als umweltfreundlich bezeichnet werden – dazu parkt man das Auto in der Wiese (die Kühltaschen sind halt immer so schwer …) und picknickt drei Meter von der Autotür entfernt, zu den vertrauten Klängen eines Radiosenders, der die Resultate von Kricket oder Pferderennen verkündet. Andererseits dienen die meisten gern einer guten Sache – spenden selbst oder helfen Spenden sammeln; etwa für die Schule, wenn sie neues Turngerät braucht. Dafür wird dann ein Markttag mit geschenkten Sachen veranstaltet, bei dem die Leute ihre Fehlkäufe der letzten Jahre auf einem

Tisch deponieren, der »white elephant« genannt wird; den Erlös darf die Schule behalten. Ein weiteres nicht nur karitatives Vergnügen heißt »dunk a teacher«: Ein Pädagoge setzt sich in Badehosen auf eine Kippvorrichtung über einen Wasserbottich. Wer mit dem Ball eine Scheibe trifft, löst einen Mechanismus aus, der den Armen versenkt. Drei Würfe kosten einen Dollar.

Feinkostladen im Südpazifik

Neuseeland ist vielleicht der einzige Ort der Welt, wo Bauern keine Subventionen bekommen. Aber die rund 60 000 Farmer setzen auch so riesige Summen um. Milch ist die Nummer eins: Die Genossenschaft Fonterra, im Besitz von 10 500 Bauern, verkauft Milchprodukte in mehr als 140 Länder der Welt und ist bei 11,3 Milliarden Euro Umsatz (2015/2016) der größte Milchexporteur der Welt. Dagegen wirkt die Schafzucht geradezu simpel: Folgsame Tiere werden umgewandelt in Wolle und Fleisch. Dank der idealen klimatischen Bedingungen können die Tiere das ganze Jahr über im Freien bleiben.

Rindfleisch wird ebenfalls in riesigen Mengen exportiert – das meiste davon in die USA. Relativ neu ist dagegen die Zucht von Rotwild und Wapiti-Hirschen. Damit verdienten Kiwis zuletzt über 200 Millionen Dollar – mehr als ein Drittel davon in ihrem größten Markt Deutschland.

800 000 Quadratkilometer, fast die Fläche Österreichs, sind in Neuseeland von Wald bedeckt. Etwa drei Viertel davon sind Urwälder, gehören überwiegend dem Staat und werden als Nationalpark geschützt. 15 000 Quadratkilometer Plantagenwälder sind fast alle in privatem Besitz: Dort dominiert Pinus radiata, ein schnell wachsendes Nadelholz, das in Neuseeland kaum 25 Jahre bis zur Schnittreife braucht. Der Turbobaum bringt mehr Geld als alle Fleischexporte. Der Profit steigt und fällt allerdings sehr stark mit den Holzpreisen.

Bedeutend ist auch die neuseeländische Fischproduktion: Vieles davon bleibt im Lande und wird als Schnellimbiss – »Fish and Chips« – verputzt. Für den Weltmarkt bleiben etwa 300 Millionen Kilogramm übrig. Darunter befinden sich teure Hummer ebenso wie Edelfische, Thunfisch oder Orange Roughy, der in 1500 Meter Tiefe aus dem Meer gefischt wird. Für den Weltmarkt bleiben etwa 300 Millionen Kilogramm übrig. Im Norden des Landes produziert man Mandarinen, Tangelos und Avocados; an der Bay of Plenty liegt das Weltzentrum der Kiwifrucht; an der Hawkes Bay und in Nelson-Marlborough reifen die knackigsten neuseeländischen Äpfel (Braeburn und Royal Gala) sowie Birnen (Doyenne du Comice) und Weißweintrauben, deren köstlicher Geschmack sogar die Besitzer des französischen Champagnerhauses Veuve Clicquot dazu veranlasste, hier in der Cloudy Bay ein Gut zu kaufen.

Leben und leben lassen

Vor etwa 15 Jahren waren Speiselokale in Neuseeland noch eine ziemlich ernste Angelegenheit, heute ist das Essengehen zu einem Freizeitvergnü-

Links: Die Fontänen des Geysirs Pohutu locken jährlich Tausende von Touristen ins maorieigene Thermalquartier Whakarewarewa. – Rechts: Der Tasman-Gletscher

gen geworden, dem viele Neuseeländer einen ständig steigenden Teil ihres Haushaltsbudgets widmen. Schon mittags isst kein Mensch im Büro, zahllose Cafés bieten Sandwiches, Croissants und Foccacia, gefüllt mit Avocado, geräuchertem Huhn und Brie – leichte Dinge, die Platz für schwere Sünden lassen: gewaltige Tortenstücke etwa (»gut« hat immer noch viel mit groß zu tun) oder Kekse (Cookies), die auch einmal 15 Zentimeter Durchmesser haben können; bis hin zu Muffins in allen erdenklichen Geschmacksrichtungen. Dazu fauchen italienische Kaffeemaschinen, deren hierzulande beliebteste Kreation bereits in den allgemeinen Wortschatz übergegangen ist: Wer zum Kaffee bittet, sagt: »Let's do the latte thing« …

Früher saßen die Neuseeländer beim Essen nie freiwillig im Freien, heute hält es sie selbst an sonnigen Wintertagen kaum noch drinnen. Viele Cafés haben deshalb auch draußen Tische gedeckt, und vor allem mittags tragen viele Leute gern ihr Sandwich in den nächsten (meist nahen) Park. Abends verdoppeln sich dann die Preise und Anstrengungen der Chefs. Manchmal überanstrengen sie sich aber auch: Essen soll zu seinem Umfeld passen, heißt es. Das Frische bedeutet Natürlichkeit und Lockerheit. Am besten isst man deshalb manchmal in Brasserien und Abendcafés – da passt das Ambiente zur Küche. Gekocht wird viel mit Fisch – zu den besten Sorten gehören Gurnard, Groper und Terakihi; die vielen guten Sushibars servieren frischen Thunfisch und Wildlachs. Die »greenlipped mussels« werden (leider) oft mariniert angeboten, sehr viel besser schmecken sie in Wein gedünstet; zwei Minuten in den Pfannen zischen »scallops« – Jakobsmuscheln, die in Neuseelands Meeren besonders rund gedeihen. Die besten Austern der Welt (jawohl, die besten) stammen aus den Buchten vor Stewart Island, und zur Luxuskategorie gehören auch drei verschiedene Sorten Hummer. Das beste Lamm kommt vielleicht aus Canterbury, und wer sich ans Rinderne hält, muss es »medium« be-

Links: Lifesavers sind wie in Australien auch in Neuseeland Ikonen der Strandkultur. – Rechts: An der Einfahrt zum Hokianga Harbour

stellen, wenn er es rosa will; »well done« kommt halb verbrannt. Die klassische Beilage im Restaurant sind Gemüseschüsseln – meist werden drei, vier Sorten gemischt. Zum Alkohol haben die Neuseeländer ein etwas gestörtes Verhältnis, wohl als Erbfolge britischer Tradition. Bier, Wein und Schnaps waren lange nur schwer erreichbar und dadurch besonders interessant. Zeitbeschränkungen etwa im Alkoholausschank der Pubs führten zu alkoholisierter Torschlusspanik und damit zum Gegenteil des so Erwünschten: »Auf-Vorrat-Saufen« statt maßvollem Genuss. Mancher Restaurantbesitzer wurde schon von einfallsreichen Behörden zermürbt, wenn es darum ging, eine Alkoholausschanklizenz zu ergattern; so entstand das durch die Buchstabenfolge BYO – »bring your own« – gekennzeichnete Recht des Gastes, sich zu seinem Mahl im Speiselokal den eigenen Wein mitzubringen. Auch die Prohibition führte nicht zu dem gewünschten Ergebnis. Aber immerhin verdankt ihr der tiefe Süden lange unterirdische Rohrleitungen, mit denen die Schwarzbrenner den verräterischen Rauch der Destillationsfeuer – und die wachsame Behörde – umzuleiten wussten: ins Niemandsland.

Die Nordinsel – Der winterlose Norden

Auckland ist für die meisten Besucher das Tor zu Neuseeland – und meist wenig mehr, leider. Man tritt schnell hindurch, um alsbald all die Schätze dahinter entdecken zu können: Raus aus der Stadt und rein in die Natur wollen Touristen, die so eine weite Anreise über die Meere, womöglich über die halbe Erdkugel, auf sich genommen haben. Wer aber den eng geschnürten Isthmus zwischen Pazifischem Ozean und Tasmanischer See als großstädtische Landschaft voller Kontraste begreift, wird gerne ein paar Tage bleiben und teilhaben wollen am lebenslustigen Lifestyle an den Wassern des Waitemata Harbour. Weiter nördlich schmiegt sich subtropisches Hügelland an die malerischen Buchten der Bay of Islands, Wiege der Nation und beliebtes Urlaubsziel nicht nur der Neuseeländer. Unterwegs dokumentiert die versenkte »Rainbow Warrior« unter Wasser den konsequenten Anti-Atom-Kurs der Nation. Und im Waipoua Kauri Forest zeugen uralte, riesige Nadelbäume von einst ausgedehnten Kauri-Wäldern an Land.

Oben: Vor dem Nordkap bei Cape Reinga treffen die Tasman-See und der Pazifik aufeinander. Bei gutem Wetter sind von hier aus die Three Kings Islands auszumachen. Sie heißen so, weil der Holländer Abel Tasman am Dreikönigstag 1643 dort ankerte. 1902 ist der Dampfer »Elingamite« vor den Three Kings Islands zerschellt und untergegangen – mit 43 Matrosen und einem Goldschatz, der bis heute nur in Teilen geborgen wurde. – Mitte: In Kelly Tarlton's Antarctic Encounter & Underwater World kann man Haie (fast) hautnah erleben. – Unten: Unterhalb des 165 Meter hohen Leuchtturms von Cape Reinga hängt über der Steilküste ein den Maori heiliger Baum.

Die Nordinsel – Der winterlose Norden

Uralte Bäume und eine moderne Großstadt

Auckland – Bay of Islands – Cape Reinga – Waipoua Kauri Forest

Gut 700 Jahre sind die Küsten um Auckland schon polynesisch besiedelt. Dieser Landstrich war für die Vorfahren der Maori ideal: Die beiden Häfen Waitemata und Manukau boten reiche Fischgründe, das milde Klima ließ die Ku-

mara gedeihen und die 60 Vulkane mit ihren steilen Flanken waren leicht zu befestigen – auf Hügeln wie One Tree Hill und Mount Eden

kann man noch heute Spuren der Siedlungen erkennen. Die Maori nannten das Gebiet »Tamaki makau rau« – »die Braut mit den 100 Liebhabern«. Tatsächlich wurde um den Siedlungsplatz oft und hart gekämpft. Ab dem Jahr 1820 entvölkerten die mit Gewehren bewaffneten Nga Puhi aus dem Norden den Landstrich und töteten oder verschleppten die Bewohner als Sklaven. Seuchen, die weiße Seeleute mit ihren Schiffen brachten, vollendeten schließlich weitgehend das Zerstörungswerk.

Auckland ist Ehrensache

Die wenigen Überlebenden verkauften das Gebiet des heutigen Zentrums im September 1840 an Neuseelands Kolonialregierung – für 55 Pfund in Gold, dazu Tabak, Zucker, Decken und anderen Kram. Heute sind diese 1200 Hektar Land zig Milliarden Euro wert. Gleich nach dem Kauf erklärte Neuseelands erster Gouverneur, Kapitän William Hobson, die Einöde zur Hauptstadt und gab ihr den Namen Auckland. Damit wollte er den Earl of Auckland ehren, George Eden, der Hobson

Links: In Kelly Tarlton's Antarctic Encounter & Underwater World kann man Haie (fast) hautnah erleben. – Rechts: In der Region Auckland leben rund 1,3 Millionen Menschen.

einst das Kommando über ein Schiff gegeben hatte. Zwar ging die Hauptstadtwürde im Jahr 1865 an das zentraler gelegene Wellington verloren, aber noch heute findet man in Aucklands Zentrum das Old Government House und die nahebei verlaufende Parliament Street.

60 Vulkane schufen durch ihre Eruptionen die Landenge von Auckland. Der 196 Meter hohe Mount Eden bildet ihren höchsten natürlichen Punkt und ist ein viel besuchter Aussichtsplatz. Noch mehr Überblick verspricht der 328 Meter hohe »Sky Tower«. Der Geschäftsbezirk um die Queen Street war einmal die »goldene Meile« – heute bietet sie eher zweitklassige Souvenirs. Die besseren Geschäfte sind in die umliegenden Seitengassen wie High Street und Vulcan Lane ausgewichen. Der Stadtteil Parnell bietet die adrett renovierten Reste des alten Auckland samt Boutiquen, Restaurants und Pionierhäusern. Newmarket brüstet sich mit vielen Modeläden und trendigen Bistros, Ponsonby bietet flotte Läden lokaler Designer sowie eine große Auswahl populärer Bars und Restaurants. Wer es gerne lebendig hat, sollte zum Abendessen in die revitalisierten Viertel direkt am Waitemata-Hafen schlendern.

Hauptstadt Polynesiens

200 000 Maori und Einwanderer von den Pazifikinseln machen Auckland zur größten polynesischen Stadt der Welt und geben Stadtteilen wie Mangere und Otara im Süden Flair. Besuche lohnen sich vor allem am frühen Samstagmorgen, wenn die Straßenmärkte in Otara in Schwung kommen. »Vier Jahreszeiten an einem Tag« könne man in Auckland erleben, heißt es in einem Songtext. Bei schlechtem Wetter

kann man das Auckland Museum in der Domain besuchen, einem 80 Hektar großen Park. Zu den Prunkstücken der Maori-Sammlung gehört das knapp 30 Meter lange Kriegskanu »Te Toki a Tapiri« (»Tapiris Streitaxt«). Sehenswert sind im Bastlereldorado Neuseeland auch die technischen Museen. Das Museum of Transport and Technology (MOTAT) in Western Springs zeigt Oldtimer, Flugzeuge und Landmaschinen.

Wunderbare Wasserwelt

Auckland liegt zwischen zwei Meeren: Im Westen donnert die Tasman-See gegen die Küste, im Osten der Pazifik. Ruhigere Wasserflächen bieten die Häfen Waitemata und Manukau sowie der Golf von Hauraki – ein Nationalpark im Meer mit 46 Inseln. Die Aucklander lieben ihre Wassergärten, belagern die zahlreichen Strände mit Holzkohlegrill und Kühltaschen voller Bier oder segeln mit einem der rund 70 000 hier ankernden Boote in den Golf hinaus. Ein Höhepunkt ist die Auckland Anniversary Day Regatta, bei der Ende Januar im Waitemata Harbour knapp 1000 Boote um die Wette segeln. Die Harbour Bridge verbindet das Zentrum mit dem Norden der Stadt und ist längst zu ihrem Symbol geworden: Gebaut wurde sie im Jahr 1959 noch vierspurig   zehn Jahre später erweiterten japanische Ingenieure die Fahrbahn auf jeder Seite um

Links: Blick auf die nächtlich erleuchtete Millionenstadt Auckland –
Rechts: Der Leuchtturm von Cape Reinga

Cape Reinga, Northland:
An der Nordspitze der Nordinsel
Neuseelands treffen Tasman See und
Pazifischer Ozean aufeinander. Nach
polynesischem Glauben beginnen
hier die Seelen Verstorbener ihre
Heimreise in die sagenumwobene
Urheimat Hawaiki.

zwei Spuren (die sogenannten »Nippon clip-ons«). Dennoch verursachen die zahlreichen über die Brücke fahrenden Autos und Lastwagen regelmäßig Staus, vor allem während der Rushhour.

Ein guter Fluchtpunkt ist das Ferry Building an der Hafenmole: Von hier aus schaukelt eine Fähre in zehn Minuten nach Devonport am Ende einer schmalen Halbinsel. Dort laden ruhige Strände und Gassen zum Aus- und Aufatmen ein. Ein hübscher Strandspaziergang führt den Cheltenham Beach entlang, an dessen Ende Mount Victoria und North Head liegen: Der Aufstieg lohnt sich – von dort aus hat man den besten freien Blick auf Aucklands Skyline. Die Segeljacht »Pride of Auckland« macht Rundfahrten im Waitemata-Hafen und erlaubt auch Süßwassermatrosen das Zupacken. Ein Katamaran verbindet Auckland mit der Insel Waiheke: 6000 Menschen leben ganzjährig dort, im Sommer steigt die Zahl auf 30 000. Man kann hier golfen, reiten, baden, faulenzen, Wein verkosten und gut essen. Einsamer und idyllischer wirkt Great Barrier Island. Die Insel 90 Kilometer nordöstlich von Auckland ist ein beliebtes Ziel von Wochenendausflügen.

Landpartie in die Provinz

Nördlich von Auckland streckt sich Neuseeland noch 450 Kilometer nadelspitz nach Norden. Gute Straßen im Osten und Westen erlauben eine Rundreise, für die man vier Tage oder vier Wochen veranschlagen kann: Der SH 1 verläuft zunächst die Ostküste entlang, die wegen ihrer Blütenpracht auch »Hibiscus Coast« genannt wird und in Waiwera Mineralquellen bietet; das Dörfchen Puhoi haben Sudetendeutsche vor etwa 130 Jahren gegründet – das »German Hotel« von 1879 wurde zum stimmungsvollen »Puhoi Pub«. Von der Mahurangi-Halbinsel setzt eine Fähre zur historischen Insel Kawau über, wo man das im Jahr 1862 für den neuseeländischen Gouverneur Sir George Grey erbaute Herrenhaus

Links: Rund ein Drittel der Bevölkerung Neuseelands lebt in Auckland. –
Rechts: Der Lion Rock bei Piha liegt an einem grandiosen Strand.

besichtigen kann. Die Insel ist ein ziemlich verwilderter Garten, unter den Tieren fällt das (kleine) Großfußkänguru (Parma Wallaby) auf, das in seiner australischen Heimat als ausgestorben gilt.

Whangarei ist mit 45 785 Einwohnern die größte Stadt des Northland. Vom Mount Parahaki mit seinem Kriegerdenkmal hat man einen herrlichen Blick auf die Bucht. Am Jachthafen Town Basin, im Zentrum von Whangarei, wird schönes Kunsthandwerk verkauft und schmackhaftes Essen aufgetischt; wer ein Picknick vorzieht, fährt die Straße nach Nguru bis zu den schönen Wasserfällen der Whangarei Falls.

Reif für die Inseln

Die Bay of Islands wird seit alters von Maori bewohnt. Europäer haben hier im Jahr 1814 eine erste Messe gelesen, den ersten Pflug in die Erde gestoßen und erste Missionsstationen gebaut. Nicht weit von Russell lag einst Kororareka – das erste Dorf der Weißen (1809) und Neuseelands erste Hauptstadt, die von den Missionaren wegen der rauen Sitten auch als »Höllenloch des Pazifiks« bezeichnet wurde.

Wie sich die Zeiten ändern: Wer heute in Russell am Flagstaff Hill über dem Dorf steht, sieht ein friedlich-verschlafenes Nest. In der zweiten Reihe zum Strand steht die weiß gestrichene Christ Church: Einschusslöcher an der Außenwand zeugen von Kämpfen zwischen Weißen und Maori im Jahr 1845. Der Ort Paihia ist das touristische Zentrum an der Bay und erlebt seine absolute Hochsaison zwischen Weihnachten und Neujahr – in dieser Zeit kommt kein Tourist unter, der nicht lange zuvor reserviert hat. Waitangi liegt gleich nebenan und hat einen wunderschönen Golfplatz zu Füßen sowie eine nationale Gedenkstätte der Unterzeichnung des Treaty of Waitangi, der das staatliche Zusammenleben im jungen Neuseeland regeln sollte. Besucher erwartet eine informative Diaschau, ein Kriegskanu und das im kolonialen Stil hergerichtete Haus des ersten »British Resident«, James Busby. Auch das 1940 errichtete Versammlungshaus der Maori mit seinen herrlichen Schnitzereien ist einen Besuch wert (Schuhe bitte draußen lassen). In der weiten Bay of Islands liegen gut 150 Inseln, viele von ihnen unbewohnt. Eine Rundfahrt durch die Bucht dauert vier Stunden, ein Segeltörn einen Tag oder

eine Woche – die meisten Boote starten von Paihia. Der Cream Trip folgt der Route früherer Milchsammelboote; wer zum Cape Brett fährt, erreicht dort das Ende der Bucht und einen Felsen samt Loch (»Hole in the Rock«), durch das der breite Katamaran schippert. Wer es lieber altmodisch hat, kann auf alten

Segeljachten wie der »Tucker Thomson« anheuern. Angelsaison ist von Dezember bis Mai/Juni, wenn die blauen, schwarzen und gestreiften Marlins wandern. Kerikeri liegt knapp 20 Kilometer nördlich von Paihia und ist mit inzwischen rund 9000 Bewohnern heute der größte Ort an der Bay. Obst- und Gemüseplantagen bringen herrliche Zitrusfrüchte und Avocados hervor. Besucher steuern am besten den Jachthafen Town Basin an, hier warten gleich mehrere Attraktionen, darunter das älteste Haus Neuseelands (Kemp House, 1822), ein alter Missionsladen (Stone Store) und das Freiluftmuseum Rewa's Village, in dem ein Maori-Dorf authentisch dargestellt wird. Und am Kororipo Pa führt ein Spazierweg durch die einstige Burg des grausamsten Kriegshäuptlings der Nga Puhi, Hongi Hika.

Nordwärts zum Cape Reinga

Einen vollen Tag braucht man für den Ausflug ans Nordkap. Die Ostküstenroute führt durch die Harzfelder nördlich von Kerikeri – ein Überbleibsel der riesigen Kauri-Wälder, die einst zu dieser Region gehörten. Das von den Bäumen tropfende Harz wurde unter der Lufteinwirkung fest und schließlich von Waldboden bedeckt. Als die Kauri-Wälder vor 100 Jahren gefällt waren, gruben zeitweise mehr als 2000 Männer nach den kartoffelgroßen Harzknollen.

Hinter Kapiro führt eine Straßenschleife an die Küste und zur Matauri Bay. Hier wurde vor den Cavalli Islands das Greenpeace-Schiff »Rainbow Warrior« »beigesetzt«; Taucher besuchen das Denkmal im Meer. Am

Links: Einsame Strände erwarten Surfer an den Buchten vor Auckland. –
Rechts: Wassersport wird bei den Kiwis großgeschrieben.

Die Bay of Islands liegt am 35. Breiten-
grad. Das verschafft der graziösen
Komposition aus 150 Inseln und weiten
Wasserflächen mildes Klima, warmes
Wasser und Besucher aus aller Welt.
Unter den wohlhabenden Neuseeländern,
die hier Sommerhäuser unterhalten, sticht
die Operndiva Kiri te Kanawa hervor.

Whangaroa Harbour erreicht man wieder die Hauptstraße. Der herrliche Naturhafen hat auch an sonnigen Tagen etwas Düsteres. Im Hafenbecken liegt das ausgebrannte Wrack der »Boyd«, die im Jahr 1809 von Maori vernichtet wurde – als Vergeltung dafür, dass einer der ihren auf dem Schiff ausgepeitscht worden war. Hinter Awanui wird der Norden karg: Was Waldbrände und Rodungen vernichtet haben, kann in dem windigen Landstrich nicht mehr neu entstehen. Der Weg zum Kap führt an den Houhora Heads vorbei und endet schließlich bei Cape Reinga und seinem Leuchtturm: Viele Touristen und Einheimische meinen, hier am nördlichsten Punkt Neuseelands zu stehen – tatsächlich gebührt dieser Ruhm den Surville Cliffs weiter im Osten.

Vor Cape Reinga treffen die Tasman-See und der Pazifik sichtbar aufeinander. Bei gutem Wetter sind die Three Kings Islands auszumachen, die so heißen, weil der Holländer Abel Tasman hier am Dreikönigstag (6. Januar) 1643 ankerte.

Reste von Riesenbäumen

In der Spirits Bay steht ein uralter windzerrissener Pohutukawa-Baum, der um Weihnachten herum flammend rot blüht: Die Maori glauben, dass an seinen Wurzeln die Seelen der Toten in das Meer gleiten und so ihre Heimreise beginnen. Die Fahrt zurück nach Auckland entlang der Westküste ist mehr als eine Pflichtübung: Hier wird nicht viel um Touristen geworben, aber das träumerisch Verschlafene dieser Gegend wirkt äußerst reizvoll. Von Hokianga Harbour aus – ein langer schmaler Hafen, der über 50 Kilometer weit ins Landesinnere reicht – soll vor gut 1000 Jahren der Entdecker Kupe zurück nach Polynesien gesegelt sein. Gegenüber von Opononi liegt eine riesige gelbe Sanddüne. Noch vor etwa 150 Jahren war alles Land zwischen Auckland und dem Nordkap

Links: Das große Maori-Versammlungshaus von Waitangi aus dem Jahr 1940 – Rechts: Tane Mahuta, »Huter des Waldes«. Der Umfang seines Stammes beträgt fast 14 Meter.

Kauri-Wald, ein Gebiet von 12 000 Quadratkilometern, so groß wie Tirol. Dann machten die Sägemühlen der Weißen Schiffsmasten und Bauholz aus der Pracht. Heute ist der Kauri-Wald von Waipoua der letzte große Rest der einstigen Herrlichkeit, ein nationaler Schatz: Hier stehen auf 90 Quadratkilometern prachtvolle Ensembles dieser eindrucksvollen Bäume, deren Stämme 15 Meter Umfang haben und in mehr als 1000 Jahren bis zu 50 Meter hoch werden können. Die letzte Perle an der Westküste sind die Waitakere Ranges, nur eine halbe Fahrstunde von Auckland entfernt. Schöner Regenwald und herrliche Strände laden zu einsamen Wanderungen ein. Einen von ihnen hat die ganze Welt gesehen: Am Karekare Beach stand der Flügel in Jane Campions international erfolgreichem Film »Das Piano« mit Holly Hunter und Harvey Keitel in den Hauptrollen. Einen Steinwurf weiter wartet der Piha Beach mit dem berühmten Löwenfelsen (Lions Rock) auf mutige Surfer und Angler – beides ist wegen der heftigen Brandung nur Könnern zu empfehlen. In der kleinen Siedlung hier hat Neuseelands bekannteste Modedesignerin, Karen Walker, ihr Zuhause.

Die Nordinsel – Der entlegene Osten

Auf der Coromandel Peninsula gab es früher viel Gold, Kauri-Holz und Kauri-Harz. Heute finden die Menschen hier vor allem Erholung: Reizvolle Wanderpfade erschließen das dicht bewaldete und gebirgige Innere der Halbinsel. Eine Fahrt entlang der Ostküste führt zu herrlichen Sandstränden und malerischen Badebuchten. Hinter der mit prima Klima und fruchtbaren Böden gesegneten Bay of Plenty erreicht der Pacific Coast Highway das dünn besiedelte Eastland, wo Maori-Familien in kleinen Dörfern abgeschieden und traditionsverbunden leben. East Cape heißt der östlichste Punkt Neuseelands, markiert von einem schlanken, leuchtend weißen Leuchtturm. Von hieran geht die kurvige Küstenfahrt Richtung Süden. Bucht an Bucht liegen am Weg, kleine und große. Und schließlich die ausladende Hawkes Bay mit einer schicken Stadt in elegantem Art déco: Napier hat einfach Stil. Die sonnige Gegend ist bekannt als renommiertes Weinanbaugebiet und bietet Einlass in die aufregende Wildnis des Urewera National Park, für viele der attraktivste Nationalpark der Nordinsel.

Die Nordinsel – Der entlegene Osten

Strandpartie zum Cape Kidnappers

Coromandel Peninsula – Bay of Plenty – Eastland – Hawkes Bay

Die Halbinsel sieht auf der Karte aus wie ein Daumen, der nach Norden weist. Gold und Kauri zogen Weiße vor 120 Jahren in dieses zerklüftete Waldgebiet – als die Natur erschöpft war, gingen die meisten wieder. Heute leben hier Konservative neben Halbaussteigern, Besucher können tauchen, angeln, Boot fahren, schwimmen, campen,

wandern oder nach Edelsteinen suchen. Ein Großteil der Coromandel-Halbinsel steht als »Forest Park« unter – wenngleich recht gemäßigtem – Naturschutz und lässt sich auf einer Rundfahrt erforschen. Die Reise

beginnt an der Westseite, in Thames, mit rund 6000 Einwohnern zwar die größte Ansiedlung auf der Halbinsel, aber nur noch ein Schatten ihrer einstigen Größe zu Goldrauschzeiten. Im Kauaeranga Valley befindet sich ein Informationszentrum der Naturschutzbehörde. Hier sind wir bei den Holzfällern, die ab dem Jahr 1795 die Kauri-Wälder rodeten. Für den Transport der tonnenschweren Riesen ans Meer staute man Bäche auf – 60 dieser gezimmerten Dämme baute man im Kauaeranga Valley. Wanderer können das Tal auf den vielen, insgesamt über 50 Kilometer langen Pfaden durchstreifen.

Zum Ende der Halbinsel

Nördlich von Thames wird die Straße kurvenreich und folgt der Küste. Der Ort Coromandel bietet Histörchen: 1852 fand man hier das erste neuseeländische Gold. 2000 Menschen hetzten über den Golf von Hauraki – und wurden enttäuscht: Coromandel-Gold steckt in hartem

Links: Die Rettungsschwimmer arbeiten ehrenamtlich. – Rechts: Das East Cape südlich der Bay of Plenty. Forscher und Siedler aus Ost und West sind am Ostkap zuerst gelandet.

Quarzgestein; erst 15 Jahre später stieß man auf eine Goldader, die die teure Förderung rechtfertigte.

Von Coromandel aus kann man in klaren Nächten über den Hauraki-Golf hinweg die Lichter von Auckland sehen – als läge die Stadt auf einem anderen Stern. Zeit bedeutet hier nichts, Geld wenig. Maler betreiben Landwirtschaft, Töpfer besorgen ihren Garten, Weber züchten Schafe und haspeln selber Wolle – so finden hier alle eine angenehme alternative Lebensgrundlage.

Colville ist die letzte Einkaufsmöglichkeit vor dem Kap. Nun geht es noch 29 Kilometer auf einer sehr schmalen Straße nach Norden – für viele ist das hier die Königsetappe. Der Weg führt um den Mount Moehau herum – mit 891 Metern der höchste Punkt der Halbinsel: Auf seinem Gipfel liegen Häuptlingsgräber. Um die Überreste vor Neugierigen zu schützen, sollen hier laut Legende menschenfressende Riesen umgehen. Auch von Patupaiarehe ist die Rede, kleinen, hellhäutigen menschenähnlichen Elfen, die Wanderern Geschenke anbieten – wer sie annimmt, ist gefangen und verloren.

In der Tat: So kann es einem gehen, wenn man die unberührte Schönheit von Port Jackson und Fletcher Bay am Kap sieht. Hier endet die Straße; ein dreistündiger Wanderweg – der Coromandel Track – führt an die Ostküste nach Stony Bay. Wer das Auto dorthin bringen will, muss 40 Kilometer weit um den Moehau herumfahren. Für den weiteren Weg nach Süden kann man dann an der Ostküste bleiben.

Heiße Wasser an kühler Brandung

Whitianga ist ein nur im Sommer lebendiger Ort mit historischem Gewicht: In der vorgelagerten Mercury Bay beobachtete James Cook den Transit des Merkur. Den feineren Sandstrand findet man auf der anderen Seite des Hafens am Cooks Beach, der mit einer Personenfähre erreicht werden kann. Zum schönsten Badeplatz muss man allerdings zu Fuß gehen: Vom Küstenort Hahei führt ein halbstündiger Wanderweg an den Strand der Cathedral Cove, benannt nach der kathedralenartigen Felshöhle im ansehnlichen Bühnenbild der Natur.

Hot Water Beach heißt bezeichnenderweise ein langer Strand, auf dem bei Ebbe heiße Quellen aus dem Sand treten: Wer eine Schaufel mithat, kann sich ein warmes Bad graben. Südlich des Strandes sind Tairua und Pauanui nennenswerte Ansiedlungen, sowie Whangamata. Fröhliche Neuseeländer vergnügen sich hier im Sommer an den Stränden und in Fischrestaurants, die frisch gefangene Langusten und delikate Jakobsmuscheln servieren. Ab Whangamata verläuft der Highway landeinwärts. In Waihi fanden im Jahr 1878 zwei Prospektoren die reichste Goldader Neuseelands: Die in den 1950er-Jahren stillgelegte und 1988 wiedereröffnete Martha Mine scheffelt immer noch Geld mit Gold. Nach Ende des Tagebaus soll die verwundete Landschaft als Freizeitpark wiederhergestellt werden. Ob das bei den schiefen, unterwühlten Wohnhäusern von Waihi auch geschehen wird, bleibt fraglich.

Links: Die bezaubernde Waipiro Bay –
Rechts: Ein Spielzeug für Touristen: die Driving Creek Railway bei Coromandel

Bucht des Überflusses

Auch die Bay of Plenty trägt ihren Namen zu Recht: Zitrusfrüchte, Kiwi, Tamarillo (Baumtomate) und Feijoa gedeihen auf fruchtbaren Böden zwischen zahllosen Thermalquellen. Zur Besichtigung der großen Landgüter werden den Touristen Elektrowägelchen und Tonbandkommentare angeboten – sehr viel netter ist der Besuch kleiner Farmen.

Ab dem Jahr 1863 wurde den eingesessenen Maori vom Stamm der Ngai te Rangi das Land an der Bay of Plenty abgenommen – quasi mit der Brechstange: Tauranga, die größte Stadt an der Bay, war einst eine Militärkaserne. Die Befestigungen »The Camp« auf zwei Hügeln am Hafen zeugen noch davon. Landkriege machten der hiesigen Mission ein Ende, aber der Priester blieb: Pastor Brown kaufte das Missionshaus privat, pflegte die Verwundeten und begrub die Toten beider Seiten. Heute liegt der Pastor neben ihnen auf dem Militärfriedhof von Otemataha begraben.

Es kann heiß werden an der Bay. Für solche Tage empfiehlt sich der nahe Mount Maunganui – ein Vulkankegel, an den ein sehr schöner Strand grenzt. Am Fuß des Berges laden zudem heiße Salzwasserquellen zum ungewöhnlichen Bad ein.

Te Puke liegt südöstlich von Tauranga. Hier dreht sich alles um die Kiwifrucht: Die ursprünglich als »chinesische Stachelbeere« bekannte Vitamin-C-Bombe kam im Jahr 1906 aus China nach Neuseeland, kommerziell angepflanzt wurde sie erstmals 1937 in Te Puke von Jim MacLoughlin, zum Exportschlager wurde die Frucht jedoch erst knapp 25 Jahre später.

Das erste Licht der Welt

Südlich der Bay of Plenty ragt Neuseeland am weitesten in den Pazifik. Hier, nahe der ungefähr mit dem 180. Längengrad zusammenfallenden Datumsgrenze, beginnt seit der entsprechenden Vereinbarung im 19. Jahrhundert jeder neue Tag der Welt.

Forscher und Siedler aus Ost und West sind am East Cape gelandet – Polynesier vor etwa 1000 Jahren, Captain Cook 1769. Der Landstrich

Links: Maori-Schnitzereien – Rechts: Dieser Maori trägt traditionelle Tätowierungen.

An der Ostküste der Coromandel
Peninsula liegt rund um den hübschen
Urlaubsort Whitianga eine Reihe von
Neuseelands viel gefilmten Traumstränden.
Hahei Beach ist einer von ihnen.

gehört den Maori, die in etwa die Hälfte der Bevölkerung stellen und deren lokaler Stamm der Ngati Porou viele der besten Holzschnitzer hervorgebracht hat – ihre Werke sind die Paradestücke in den Museen von Auckland und Wellington. Vielerorts sieht man ihre Versammlungshäuser: Poho-o-Rawiri am Fuße des Kaiti Hill ist das größte im Land; zwei der schönsten alten noch erhaltenen findet man in Manutuke – Te Mana ki Turanga, »der Stolz von Turanga«, steht auf dem Whakato Marae; Te Poho Rukupo auf dem Manutuke Marae. Wer das Auto abstellt und hier – wie viele Maori – wieder aufs Pferd umsteigt, wird den Zauber des Landstrichs noch intensiver erfahren. Die malerische Küstenlandschaft lässt sich entlang einer schönen Straße erforschen, die 342 Kilometer von Opotiki nach Gisborne führt – die Rückkehr von Gisborne nach Opotiki über den Waioeka Scenic Highway durch das Landesinnere ergibt eine Rundreise von 490 Kilometern.

Kurz vor Weihnachten ist die beste Reisezeit, wenn die Pohutukawa-Bäume in roter Blüte stehen. Drei Tage Zeit sollte man für die Rundfahrt allerdings mindestens veranschlagen.

An das Kap schließt sich die von James Cook sogenannte Poverty Bay an, in der – anders als der Name (»Bucht der Armut«) vermuten lässt – Schafe und Rinder saftige Weiden finden sowie Feld-, Zitrus- und Kiwifrüchte ebenso gedeihen wie vollmundig schmeckende Chardonnays.

Auch Gisbornes 33 000 Einwohner leben mit einem falschen Namen: Die Siedlung hieß immer Turanga, ehe sie nach dem britischen Kolonialminister Sir Gisborne benannt wurde, um die ewigen Verwechslungen mit Tauranga in der Bay of Plenty zu vermeiden. Sonne, Wasser, Parks und die großen Strände von Kaiti und Waikanae laden dort zum angenehmen Leben ein, wo der Farmer und Zeichner Murray Ball den neuseeländischen National-Cartoon, »Footrot Flats«, entwickelte, in dem der Farmer Wal und sein Hund »Dog« mit sich, dem Wetter und der Welt kämpfen. 120 Zeitschriftenverleger in aller Welt kauften und publizierten den Comicstrip, auch die Bücher fanden Millionen Leser – und man lernt darin mehr über das Land als in manchem Reiseführer.

Geheimnisvoller Urwald

Im Hinterland liegt der vielleicht schönste Nationalpark der Nordinsel: Die Ausläufer eines Gebirgszugs durchziehen den Urewera National Park, erstrecken sich 650 Kilometer weit, bis nach Wellington. Der Name – »versengter Penis« – klingt eher übel, die Gegend aber ist herrlich: Das zerklüftete Urwaldgebiet rund um den See Waikaremoana bietet eine der schönsten Naturlandschaften der Nordinsel.

Dies ist die Heimat der Tuhoe – richtiger Waldkinder, die hier seit Jahrhunderten unter sehr harten Bedingungen leben und dem Guerillaführer der Maori, Te Kooti, Unterschlupf gewährten. Te Kooti wurde in den Kriegswirren als Spion auf die weit entfernten Chatham-Inseln verbannt.

Links: Am Ostkap hat nur Gisbornes (33 000 Einwohner) mehr als 1000 Einwohner. – Rechts: Im Zentrum von Napier liegt die Marine Parade.

Er entkam, kehrte an die Poverty Bay zurück und begann, als man ihn erneut verfolgte, einen Guerillakrieg gegen die Weißen zu führen. Zulauf verschaffte dem charismatischen Mann mit dem wallenden Bart eine von ihm gegründete Sekte (Ringatu), die unter den Maori bis heute fortbesteht und deren Anhänger Höfe und Soldatencamps überfielen, wie die Hunnen hausten und sich schließlich wieder in die undurchdringlichen Urwälder der Urewera zurückzogen. Eine Folge waren Repressalien gegen die Tuhoe, bei denen Soldaten zum Beispiel Pflanzungen zerstörten – wodurch schätzungsweise 200 Menschen verhungert sein sollen. Dennoch wurde der Aufenthaltsort von Te Kooti nicht preisgegeben. Anscheinend legten ihm die erschöpften Tuhoe aber nahe, aufzugeben. Der letzte Schuss der Landkriege fiel am 14. Februar 1872, danach zog sich Te Kooti ins King Country zurück, bis er im Jahr 1882 begnadigt wurde.

Später sollte das Urewera-Gebiet mehrmals vermessen, gerodet und in Farmland umgewandelt werden, was die Tuhoe jedoch mit zähem Widerstand zu verhindern wussten. Diesem Widerstand haben die Neuseeländer den mit 2110 Quadratkilometern größten Nationalpark der Nordinsel zu verdanken.

Klosterwein und Art déco

An der Hawkes Bay liegen zwei Städtchen mit je 60 000 Einwohnern nur 20 Kilometer voneinander entfernt, und doch hat jeder seine eigene Zeitung, Verwaltung, einen eigenen Radiosender und eigene Ansichten. Napier liegt am Meer, wurde nach dem verheerenden Erdbeben von 1931 in Art déco neu gebaut und bemüht sich sehr um Touristen. Bei Hastings wachsen Aprikosen, Kirschen, Pfirsiche, Pflaumen, Äpfel, Birnen – im Frühling steht der »Obstgarten Neuseelands« in voller Blüte.

Links: Die Tauware Falls im Te Urewera National Park – Rechts: Die aufgehende Sonne eines neuen Tages trifft als Erstes auf das Festland beim Ostkap Neuseelands.

Hawkes Bay ist zudem das älteste Weinanbaugebiet Neuseelands. Das erste Weingut – The Mission – diente französischen Padres als Messweinproduktion. Zwischen Hastings und Napier gibt es heute rund zwei Dutzend Weingüter, die vor allem Chardonnay, Sauvignon Blanc und Cabernet Sauvignon anbauen. Die meisten davon können besichtigt werden; viele liegen an der Church Road (Tipp: The MacDonald Winery). Das nahe gelegene Cape Kidnappers verdankt seinen Namen der Tatsache, dass die Maori hier einst ein Mitglied von Cooks Mannschaft entführten. Berühmt ist das Cape für seine Tölpelkolonie: Es ist ein Erlebnis, diesen in Australien und Neuseeland nistenden weißen Vögeln aus der Familie Sula bassana serrator mit ihren goldenen Krönchen, den spitzen schwarzen Flügeln und den schwarz umrandeten Augen beim Fischen zuzusehen – in Gruppen stürzen sie sich aus großer Höhe ins Meer und erreichen dabei Geschwindigkeiten bis zu 145 Stundenkilometer. Die beste Zeit für einen Besuch der nur bei Ebbe von Clifton aus zu erreichenden Kolonie ist zwischen November und Ende Februar.

Te Mata Peak liegt etwa 300 Kilometer von Wellington entfernt und ist der Hauptberg der Hawkes Bay.

Die Nordinsel – Der brodelnde Kern

Rotorua ist ein faszinierendes Labor der Natur: Geysire fauchen, Schlammtümpel kochen, Thermalquellen sprudeln und heiße Wasserlöcher dampfen am Siedepunkt. Die Region im Herzen der Nordinsel pocht nur so vor vulkanischer Aktivität und bietet jede Menge exotischer Maori-Folklore, mehr oder weniger authentisch, aber meist in Verbindung mit einem opulenten Hangi, dem traditionellen polynesischen Festschmaus. Im Süden schmiegt sich die freundliche Kleinstadt Taupo an Neuseelands größten See, entstanden nach einer gewaltigen Eruption vor etwa 27 000 Jahren. Mit vulkanischen Aktivitäten überrascht bis heute und weiter südlich der Tongariro National Park, wo der Ruapehu alle paar Jahre wieder ausbricht und dann prompt eine Wintersportsaison am Berg zum Schmelzen bringt. Ein anderer Vulkan im Westen, Taranaki genannt, bewahrt erst mal Ruhe und zieht sich gerne hinter dichte Wolken zurück, im Schutz des Mt. Egmont National Park. Und dann ist da noch der wilde Whanganui National Park auf dem Weg zur Hauptstadt Wellington.

Die Nordinsel – Der brodelnde Kern

Geysire, Vulkane und Maori-Kultur

Am Whanganui River

Rotorua steht auf der Liste fast aller Neusee-landbesucher. An der Luft liegt das allerdings nicht: Es riecht hier, man muss es sagen, ganz übel nach Schwefel. Das Städtchen mit seinen knapp 70 000 Einwohnern liegt an einer Bruchlinie der Erdkruste. Das macht den Bezirk zu einer geologischen Baustelle, in der es aus dem Boden nur so blubbert, faucht und zischt.

Hier leben die Nachfahren von Seefahrern, die einst in der Bay of Plenty landeten: »Te Arawa«, »der Hai«, hieß damals ihr Kanu, und so heißt auch ihre heutige Maori-Konföderation. Unter den anderen Maori-

Stämmen fanden sie nur wenige Freunde – auch deshalb kämpften sie in den Landkriegen stets auf der Seite der Weißen. Als Friede einkehrte, begann die Regierung das Stammesgebiet als Kurort zu erschließen. Sogar die englische Königin Victoria zeigte sich dankbar für die Treue der Arawa und schenkte ihnen eine Büste ihrer höchststeigenen Königlichen Hoheit. Entsprechend huldvoll blickte die Arbeit des königlichen Bildhauers unter einem Baldachin im Maori-Dorf Ohinemutu auf den See Rotorua.

Erdwärme und heiße Liebe

Heute ist der Platz unter dem Baldachin leer – Te Arawa haben, so heißt es, die Büste weggeräumt, die Erinnerung an diesen Teil ihrer Vergangenheit wird nicht mehr geschätzt. Ohinemutu, der alte Kern der Siedlung Rotorua, ist kein schlechter Platz, um die Besichtigung zu beginnen. Hier findet man ein schönes Versammlungshaus der Maori und – direkt am See – die kleine St. Faith's Church. Bei der Kirche ruhen die Toten

Links: Die Schnitzkunst der Maori ist so legendär wie filigran. – Rechts: Heißes, mineralienreiches Thermalwasser sprudelt im Champagne Pool in Waiotapu.

Im Tongariro National Park,
Neuseelands ältestem Nationalpark

in massiven weiß gekalkten Stein- und Betonsärgen über der heißen Erde. Anderswo im Dorf weiß man die thermischen Aktivitäten produktiv zu nutzen: In dampfende Erdlöcher wurden Metallgitter eingelassen, auf die die Maori ihre zu kochenden Speisen legen, ehe sie die Grube mit einem Holzdeckel schließen – fertig ist der Dampfkochtopf. Sinnigerweise wird der Dampf auch gleich in Rohren unter den Häusern durchgeleitet, was dem Luxus einer Fußbodenheizung schon ziemlich nahekommt.

Rotorua wird meist als »zweiter See« übersetzt. »Rua« heißt aber nicht nur »zwei«, sondern auch »Krater«, Rotorua bedeutet also zugleich »Kratersee«, was er ja tatsächlich ist. Im See liegt die Insel Mokoia, zu der sich die Maori eine gar allerliebliche Liebesgeschichte erzählen. Und die geht so: Der junge Häuptling Tutanekai lebte auf dieser Insel im See, das Mädchen Hinemoa am Festland. Aber was wäre die schönste Liebesgeschichte ohne Liebesverbot. Desgleichen taten also die Familien der beiden wie weiland die von Romeo und Julia. Einsam klang Tutanekais Flöte ans Ufer – Hinemoas Familie versteckte die Boote. Da band sich das

Mädchen ausgehöhlte Kürbisse als Auftriebshilfe um den Körper und schwamm in der Nacht durch den kalten See. In Mokoia angekommen, stieg sie sogleich in das Becken einer heißen Quelle, wo sie sich wärmte, bis Tutanekai sie freudig fand. Der Rest war vermutlich mehr als Schweigen.

Mokoia ist weiterhin eine Reise wert: Die heiße Quelle lädt noch immer zum Bad ein, und auf einem Rundgang um die Insel lässt sich das hiesige Vogelschutzgebiet mit seinen gefiederten Bewohnern in Ruhe betrachten. 1889 wurden die ersten Forellen im Rotorua-See ausgesetzt; sie gediehen prächtig: Wer eine kosten möchte, muss sie selbst fangen.

Maori-Folklore am Vulkan

In den Government Gardens am See steht ein ehemals nobles Heilbad, das nun als Museum und Kunstgalerie dient. Daneben liegen die Thermalbäder des Polynesian Spa. Auch die heißen Quellen von Whakarewarewa sind für viele Besucher ein Pflichtstopp: Hier zeugt Te Puia als eine Art Freilichtmuseum von der traditionellen Lebensweise der Maori. Angeschlossen ist eine renommierte Schnitzerei, in der ausschließlich Männer am Werk sind. Im Thermalgebiet regiert Pohutu, der größte Geysir im Land, dessen Fontänen bis zu 30 Meter hoch werden können – meist sogar mehrmals am Tag.

Einen ersten Überblick über Rotorua und Umgebung erlaubt der Aussichtsberg Ngongotaha, auf den eine Kabinenseilbahn führt. Abenteuerlustige können auf einer 900 Meter langen Rutsche wieder ins Tal gelangen. Spannend sind auch Rundflüge in kleinen Maschinen. Fast alle haben ein berühmtes Katastrophengebiet im Programm: den Mount Tarawera (»verbrannter Speer«), ein 1111 Meter aufragender Vulkan, der als erloschen galt, ehe er am 10. Juni 1886 regelrecht explodierte. Über ein Gebiet von 15 000 Quadratkilometern schleuderte er Felsen, Lava, Asche und begrub Dörfer, in denen seinerzeit 147 Maori und sechs Europäer lebten.

Links: Der Mount Taranaki, auch Mount Egmont genannt –
Rechts: Paddelnde Maori sind keine seltene Erscheinung auf der Nordinsel.

Erleuchtung in der Unterwelt

Westlich von Rotorua liegt die Landschaft des Waikato River. Neuseelands längster Fluss produziert ein Viertel der Elektrizität im Land und schuf ein reiches Farmland. Die Höhlen von Waitomo sind nur eine Attraktion für Erstbesucher; zu den wirklichen Geheimnissen dieses Landstrichs zählen der Sitz des Maori-Königtums in Ngaruawahia, die behagliche Binnenstadt Hamilton und schließlich die weltvergessenen Strände und Häfen an der Westküste bei Raglan und Kawhia.

Die Kalksteinhöhlen von Waitomo haben bereits 16 Millionen Jahre Geschichte auf dem Buckel. Einst waren sie Teil des Meeresbodens – bedeckt von Muschelschalen, die das Meer zu Kalkstein verdichtete; dann schob sich Sandstein darüber. Nur einen geologischen Augenblick später, nach vier Millionen Jahren, tauchte das Land auf, bedeckte sich mit Vegetation. Regen fiel auf modernde Blätter, spülte Kohlendioxid aus; das Wasser filterte durch den Sandstein, zersetzte den Kalk darunter und formte so die Höhlen. Berühmt sind diese schönen Waitomo Caves für ihren unterirdischen See und dessen Deckenbeleuchtung: Tausende Glühwürmchen (Arachnocampa luminosa) hängen dort und lassen einen Punkt auf ihrem Körper strahlen. Das Schauspiel hat ästhetischen Wert, aber noch mehr pragmatischen Nutzen: Mit ihrer Leuchtreklame locken die Insektenlarven potenzielle Beute in ihre klebrigen Angelfäden.

Auf Thermaltour

Etwa 20 Kilometer südöstlich von Rotorua entfernt liegt das Waimangu Volcanic Valley mit dem größten Heißwassersee der Welt. Ein bequemer Fußweg führt an blubbernden Kraterseen, heißen Bächen und algenbedeckten Kieselerdeterrassen vorbei zum Ufer des Lake Rotomahana. Dort kann man schöne schwarze Schwäne beobachten oder mit einem Boot zu den Steaming Cliffs fahren. Im Tal liegt auch der erloschene

Links: Der Krater des 1886 plötzlich explodierten Tarawera ist heute eine Allradattraktion. – Rechts: Die Insel White Island liegt vor der Küste der Bay of Plenty.

Waimangu-Geysir, der zwischen 1900 und 1904 schwarzes Wasser und Schlamm bis zu 500 Meter hoch in die Luft schleuderte.

Nur zehn Kilometer südlich kommt man dann zum Waiotapu Thermal Wonderland, ein parkähnliches Areal mit heißen Champagne Pools und den Bridal Veil Falls. Morgens ist es dort am schönsten. Noch etwas weiter südlich, etwa 70 Kilometer von Rotorua entfernt, liegen die heißen Quellen von Orakeikorako. Ein Boot bringt den Besucher über den See Ohakuri zum eigentlichen Thermengebiet mit seinen Terrassen und unterirdischen Thermalquellen.

Das geothermische Kraftwerk von Wairakei nutzt den heißen Wasserdampf des Erdinneren, der aus Bohrlöchern über Rohre in Turbinen geleitet und zu Strom umgewandelt wird. Im Besucherzentrum wird einem das alles auch auf Deutsch erklärt.

Jeder Krater ist anders

Spektakulärer anzusehen sind die Huka Falls: Hier stürzt der Waikato aus einer schmalen Schlucht über eine zwölf Meter hohe Felswand, von

Einen Besuch wert ist White Island,
Neuseelands einzige aktive Vulkaninsel.

Links: Der Mount Taranaki – Rechts: Spuren des traditionellen Lebens der Maori

Touristen auf zwei Plattformen bestaunt. Seine Quelle ist der Lake Taupo, über 600 Quadratkilometer groß und damit der größte See Neuseelands, entstanden im Lauf der Jahrtausende durch Vulkanausbrüche. Nur vom Boot aus kann man den vielfarbigen Felsabsturz der Karangahape Cliffs  sehen. Der Ort Taupo mit seinen 32 500 Einwohnern hat sich in den letzten Jahren auf eine Zukunft im Tourismus eingerichtet. Am Ostufer liegt ein kleiner Flughafen, von dem Rundflüge über den nahen Tongariro National Park starten, der zum Weltkulturerbe gehört. Seinen Kern bilden drei Vulkansysteme, allesamt aktiv: Tongariro (1968 m) liegt dem Taupo-See am nächsten. Er ist der kleinste Vulkan und hat dem Nationalpark den Namen gegeben. Südlich davon: Ngauruhoe (2290 m) und Ruapehu – mit 2797 Metern der höchste Berg der Nordinsel. Das Informationszentrum des Parks im Bergdorf Whakapapa liegt 1127 Meter über dem Meeresspiegel. Hier gibt es ein schönes altes Hotel, das »Chateau Tongariro«, und vielfältige Wandermöglichkeiten.

Der stille Westen

Taranaki im entlegenen Westen der Nordinsel gehört zu den ältesten Siedlungsgebieten der Maori. In New Plymouth mit rund 50 000 Einwohnern lebt etwa die Hälfte der gesamten Bevölkerung der Region. Optisch dominiert der 2518 Meter hohe Vulkan Taranaki, wirtschaftlich dominieren Gas und Milch: Die Gasreserven werden zum Teil in Pipelines zu Kraftwerken geleitet und auf Schiffen zur großen Raffinerie in Whangarei gebracht. Die technisch interessanteste Anlage steht bei Waitara – sie wandelt Erdgas zu hochoktanigem Treibstoff um und deckt damit ein Drittel des neuseeländischen Bedarfs.

Die fetten Weiden nähren riesige Rinderherden, deren Milch durch gewaltige Molkereien schwappt. Ihre Produkte werden vom Hafen in New Plymouth in alle Welt verschifft, dadurch geriet die Stadt auch zu einem der größten Käseexporteure auf dem Erdball. Besucher kommen aber eher wegen der Gärten hierher. Sehenswert sind auf jeden Fall die 360 Hektar großen Pukeiti Rhododendron Gardens, vor allem in der Blütezeit zwischen September und November.

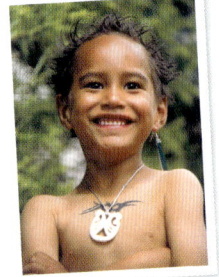

Der Mount Taranaki National Park bildet einen recht engen Kreis um den seit etwa 300 Jahren schlafenden Vulkankegel. Sein europäischer Name – Egmont, nach dem ersten Lord der britischen Admiralität in den Tagen von James Cook – ist langsam außer Gebrauch gekommen. Der Nationalpark enthält den letzten Rest unberührter Wälder in Taranaki. Straßen führen zu drei Schutzhütten auf 900 Meter Seehöhe.

Wanganui wurde schon im Jahr 1840 von der New Zealand Company gegründet. Besuchern hat das Städtchen am gleichnamigen Fluss vor allem ein hervorragendes Regionalmuseum mit Maori-Kunstgegenständen und einer Gemäldesammlung zu bieten. Die grüne Hauptattraktion nordwestlich der Stadt heißt Bushy Park. Der Sohn eines Pioniers hat 85 Hektar des schönsten Waldes im Bezirk der Gesellschaft für Vogelkunde vermacht. Die hier stehenden Bäume erreichen einen Umfang von bis zu 13 Metern. Die interessantesten Exemplare heißen Northern Rata – ein rot blühender ungewöhnlicher Baum, der sein Leben nicht als Samen in der Erde beginnt, sondern in der Krone eines anderen Baumes. Von dort sendet die Rata (ein Mitglied der Myrthenfamilie) Wurzeln den Stamm entlang in den Boden, bis er ganz und gar umschlossen ist.

Der Whanganui River, Neuseelands längster schiffbarer Fluss, fließt im Unterlauf noch ruhig und gemächlich. Seine eigentliche Schönheit samt Schluchten und Stromschnellen, 32 Kilometer oberhalb von Pipiriki, ist nur vom Wasser aus zu bewundern. Für die insgesamt 79 Kilometer lange Fahrt auf der River Road von Wanganui nach Pipiriki braucht man Muße: Hier ist der Weg das Ziel. Die Maori-Dörfer am Ufer tragen biblische Namen, obwohl die früher hier lebenden Stämme ihren Nachbarn nicht gerade »die andere Wange anboten«. Im Gegenteil: Auf ihr Konto ging etwa die Versklavung – und fast völlige Vernichtung – der friedlichen Moriori auf den Chatham Islands. Besonders schön gelegen ist Jerusalem, ursprünglich Hiruharama genannt, das seit jeher Schwärmer angezogen hat: Erst kamen Missionare, später der Dichter James Baxter (1926–1972), der hier eine therapeutische Lebensgemeinschaft für Alkoholiker, Drogenabhängige und Obdachlose gründete.

Links: Die Maori gehen mit einem Lächeln durchs Leben. – Rechts: Schnitzfiguren

Die Fluten des mehr als 600 Quadratkilometer großen Lake Taupo bedecken
mehrere Vulkankrater. Im Hintergrund
sieht man den Kegel des Tongariro.

Die Nordinsel – Das kulturelle Zentrum

Am Südende der Nordinsel, rund um einen riesigen, hufeisen-förmigen Naturhafen und vor steil aufragenden Hügeln erheben sich massive Regierungsgebäude, verglaste Konzernzentralen, Shoppingcenter und Hotelbauten: Die modern gestylte Gestalt der Hauptstadt imponiert auf den ersten Blick – und entzückt auf den zweiten mit niedlichen Holzhäuschen im Hintergrund und verschnörkelten Fassaden aus viktorianischer Zeit. Ein mehrtägiger Aufenthalt in Wellington kann in pure Lebens-freude ausarten: shoppen nach Lust und Laune in der Innen-stadt, über die Hafenpromenade flanieren, bis hin zur Oriental Bay, das ungeheure Kulturgut nutzen, z.B. im faszinierenden Nationalmuseum, und sich die vielfältige Restaurantszene kulinarisch auf der Zunge zergehen lassen. Echte Genießer ent-fliehen an Wochenenden gern gen Nordosten, in die ländliche Idylle von Martinborough, wo kleine, aber feine Weingüter her-vorragende Tropfen abfüllen. Dort gibt es auch Wege in die menschenleere Wildnis an der harschen Ostküste.

*Oben: Romantische Kulisse: Wellington im Abendlicht –
Mitte: Unter Vogelschutznetzen reifen bei Margrain die Trauben der Lese entgegen. – Unten: Straßenszene in der Downtown*

Die Nordinsel – Das kulturelle Zentrum

Hauptstadt mit Niveau

Wellington – Martinborough – Masterton – Castlepoint

Das älteste Siedlungsgebiet in Wellington ist eine Halbinsel, sieben Kilometer vor der Stadt. Sie heißt Miramar (spanisch für Seeblick), und jene Sandbank, die sie mit der Stadt verbindet, ist heute als Flughafen ausgebaut. Auf Miramar siedelte einst ein Stamm, der sich nach seinem Begrün-

der »Tara« nannte. Der Maori-Name für Wellington erinnert noch an ihn: »Whanganui a Tara« bedeutet »der große Hafen von Tara«.

Kein glücklicher Anfang

Welcher Maori-Stamm hier im Süden der Nordinsel welches Land besaß, war, gelinde gesagt, ziemlich unklar, als William Wakefield im Jahr 1839

in den Hafen segelte, um für die New Zealand Company Land zu kaufen. Auffallend schnell fand Wakefield »Verkaufswillige« und verteilte (ohne lange nach irgendwelchen Rechtstiteln zu fragen) 100 Musketen, 100 Decken, 60 rote Nachtmützen sowie ein Dutzend Regenschirme an sie. Kein Wunder, dass sich die Maori bei diesem »Landkauf« geprellt fühlten und gegen die frühen Siedler kämpften. Aber auch die Weißen waren nicht glücklich mit der New Zealand Company. Der Pionier John Plimmer etwa klagte, jener Ort, den man ihm als eine Art »Garten Eden« geschildert hatte, sei in Wirklichkeit eine »wilde und raue Gegend«.

Das gilt in jedem Fall für den berühmten Wind von Wellington: Die geballte Energie der »Roaring Forties« – starke Westwinde um den 40. Breitengrad – drückt gegen die gebirgigen neuseeländischen Inseln und findet nur an der 23 Kilometer schmalen Lücke der Cook Strait einen Ausweg. Wie in einem Windkanal werden die Winde hier zusammengepresst: Das lässt an stürmischen Tagen die Wellen in der Strait bis zu zehn Meter

Links: Ein Museum für alle Kiwis sollte es werden, das Te Papa, dessen Name denn auch »Unser Ort« bedeutet. – Rechts: Teamgeist im Hafen von Wellington

Die legendäre Cable Car Wellingtons wurde von 1899 bis 1902 ursprünglich zweigleisig erbaut und fährt mit etwa 18 Stundenkilometern von der Hauptgeschäftsstraße der Stadt zum Univiertel Kelburn hinauf.

Oben: Nationalmuseum Te Papa – Unten: Urzeitlicher Moa im Te Papa –
Rechts: Zahlreiche Exponate beleuchten hier die Natur- und Kulturgeschichte des Landes.

hochgehen. Dazu kamen Fluten und Platzmangel. Die ersten Gründerväter begannen am sumpfigen Ende des Hutt Valley. Als der Fluss ihre Zelte wegspülte, zogen sie in die Bucht von Wellington um (in den heutigen Stadtteil Thorndon). Hier war es zunächst ungeheuer eng – denn wo heute Lambton Quay liegt, rauschte damals das Meer.

Erst ein Erdbeben rettete die Siedlung. Dieses hob im Jahr 1855 den Uferstreifen um mehr als einen Meter an. Zehn Jahre später war das ehemalige Siedlernest die Hauptstadt Neuseelands.

Neubeginn

Noch vor 20 Jahren war Wellington ein eher biederer Regierungssitz, sehr nach innen gekehrt und behaglich provinziell. Doch die Wirtschaftskrise Mitte der Achtzigerjahre des letzten Jahrhunderts veränderte auch im neuseeländischen Machtzentrum alles. Binnen fünf Jahren wurde die Zahl der Beamten von 88 000 auf 36 000 verringert. Das war ein tiefer Einschnitt und zwang die Stadt, sich neu zu definieren.

Allein die Sanierung der Waterfront, vergleichbar mit den chic designten Londoner Docklands, veränderte den Look der Hauptstadt enorm. Prunkstück der ersten Bauetappe war Te Papa, das 140 Millionen Euro teure neu errichtete Nationalmuseum.

Wie andere Hauptstädter auch nehmen die meisten der knapp 400 000 Wellingtonians sich selbst, gut sitzende Kleidung, feines Essen und feinen Wein recht wichtig. Einen grandiosen, wenn auch meist zugigen Rundblick über den Naturhafen der Stadt und die Cook Strait hat man auf dem Mount Victoria in der Oriental Bay. Alle anderen Attraktionen liegen innerhalb eines Dreiecks, dessen längste Seite zwei Kilometer misst, und können gut zu Fuß besichtigt werden.

Bummel durch die Stadt

Was im Zentrum schnell auffällt, ist die freie moderne Architektur. Beispiele sind etwa das Michael Fowler Centre – Stadthalle und Kongresszentrum in einem – oder die neue Bibliothek. An ihrer geschwungenen Außenfassade stecken Palmen aus Beton und Metall.

Die ebenfalls avantgardistische City to Sea Bridge führt zum früheren Hafengelände, wo sich nun der gewaltige Bau des Nationalmuseums ausbreitet. Daneben liegt die Mole, an der Kreuzfahrtschiffe anlegen, dahinter die Oriental Bay, deren Sandstrand aus England stammt – Schiffe haben hier ihren Ballastsand aufgeschüttet.

Lambton Quay heißt die arkadengesäumte Haupteinkaufsstraße Wellingtons. Auf halber Strecke befindet sich die Talstation der Cable Car. Diese elektrisch betriebene Standseilbahn fährt alle zehn Minuten den steilen Berghang hinauf nach Kelburn und zu den Botanischen Gärten. Auch hier oben hat man einen schönen Ausblick auf die Bucht. Im angrenzenden Early Settlers Memorial Park liegen Wellingtons erste Bürger begraben. Die Bowen Street führt einen dann wieder hinunter – ins Regierungsviertel. Hier fällt zunächst der »Beehive« auf, das kreisrunde Regierungsgebäude, in dem mit den vielen Politikern und Beamten ein Gewimmel herrscht wie in einem Bienenkorb, weshalb das Gebäude im Volksmund auch so genannt wird.

Nebenan steht der Marmorblock der Parliament Buildings aus dem Jahr 1922, eingerichtet ganz wie das Westminster in London, wovon sich Besucher bei Führungen überzeugen können. Die neugotische Kongressbibliothek (General Assembly Library) schließt das Ensemble ab. Schräg gegenüber erstreckt sich eine elegante Fiktion: Die vermeintlichen Steinquader der Government Buildings sind in Wirklichkeit Kauri-Holz. Das zweitgrößte hölzerne Gebäude der Welt beherbergt heute einen Teil der Universität.

Ein Abstecher in die Molesworth Street führt ins »Backbencher« – das Wirtshaus zum Hinterbänkler. Dieser witzige Pub erfreut seine Stammkundschaft mit Drinks wie dem »Korruptionistencocktail«.

In der Mulgrave Street befindet sich das Staatsarchiv (National Archives). Dort wird unter anderem das Original des Vertrages von Waitangi aufbewahrt. Ein paar Häuser weiter steht Old St. Paul's – eine eindrucksvolle kleine Holzkirche aus dem Jahr 1866. Die Tinakori Road durchmisst Thorndon, das historische Viertel, wo man das Geburtshaus von Katherine Mansfield besuchen kann. Die ebenso talentierte wie tragische

Links: Bei »Starfish« bekommt man flotte neuseeländische Mode. – Oben: Wellingtons schicke Holzhausarchitektur – Unten: Das neue und das alte Parlament in Wellington

Romantische Kulisse:
Wellington im Abendlicht

Links: Das Castle Point Lighthouse – Rechts: Trauben unter Vogelschutznetzen

Literatin ist vor allem mit ihren Kurz-
geschichten über die Landesgrenzen hinaus
bekannt geworden.

Ein Toast auf Martinborough

Wer von Wellington in Richtung Osten
fährt, das Hutt Valley und seine beiden In-
dustriesiedlungen links liegen lässt, stößt an die Rimutaka Ranges: Die
Hügel sind 900 Meter hoch und steil, für die Überquerung braucht man
eine Stunde und im Winter Schneeketten; Warnungen vor Sturmböen
gelten ganzjährig. Ist man erst einmal drüben, öffnet sich eine sanfte
grüne Welt – das Wairarapa-Gebiet. Bis vor Kurzem hatten die kleinen
Orte wenig mehr als ihre Vergangenheit, Greytown war als ehemalige
Bezirkshauptstadt bekannt, Featherston für ein Kriegsgefangenenlager
im Zweiten Weltkrieg. Erst das Dorf Martinborough, dessen Grundriss
der britischen Flagge nachgebildet ist – ein Zeichen für die Heimatliebe
des Gründervaters Sir John Martin – hat das Image aufpoliert: Denn hier
weiß man anständig zu feiern, z.B. mit einem feinen Weinfest namens
»Toast Martinborough«. Dabei präsentieren stolze Winzer einige der
besten Pinot Noirs des Landes; Kostproben von Te Kairanga Vineyards
werden in einem Siedlerhäuschen aus dem Jahr 1860 serviert.

Der Lake Wairarapa ist heute die größte Landmaschine in Neuseeland:
Ständige Überflutungen ließen die Landnutzung rund um den See nicht
zu, nun wird der Ruamahanga River in den See Onoke umgeleitet. Das
macht den Wasserstand des Sees berechenbar und schuf 30 000 Hektar
Farmland.

Im Norden des Wairarapa liegt Masterton: Diese blühende Siedlung
teilen sich rund 20 000 Einwohner mit etwa drei Millionen Schafen.
Jedes Jahr in der ersten Märzwoche werden hier die »Golden Shears« aus-
gefochten – nationale Meisterschaften im Schafscheren. Abstecher erlauben Blicke auf die wilde Ostküste. Honeycomb Rocks Walkway ist ein
acht Kilometer langer Rundweg durch bizarre Felsen, vorbei an einer
Seehundkolonie und einem Schiffswrack.

Castlepoint bietet sowohl eine prachtvolle Brandung als auch eine
geschützte Lagune.

Die Südinsel –
Sonniger Norden
im Süden

Der Norden der Südinsel hat Urlaubern viel zu bieten: die sonnigste Ecke Neuseelands (der Rekord steht bei 2686 Stunden im Jahr), mit die besten Weißweine der Traubenart Sauvignon Blanc, drei wanderbare Nationalparks und herrliche Sandstrände an üppiger Vegetation. Wer mit der Fähre von der Nordinsel übersetzt und in die Marlborough Sounds eindringt, bekommt zur Begrüßung die stille Schönheit der weitverzweigten Sunde geboten – und will doch meist bald weiter: in den entlegenen Nordwestzipfel, an das ausladende Halbrund der Golden Bay, wo die Südinsulaner nur allzu gerne ihre Ferien verbringen und die Straße mit einem Mal zu Ende ist. Nur ausdauernde Wanderer finden dort einen Weg durch dichten Regenwald und über schroffe Höhen bis an die West Coast. Die besseren Verkehrsanbindungen – selbst ein Zug fährt hier – genießt zweifellos die Marlborough-Region im Osten. Und die Kleinstadt Blenheim liegt hier praktisch mittendrin, in dem größten und ergiebigsten Weinanbaugebiet Neuseelands.

Oben: Die Marlborough Sounds gehören wohl unumstritten zu den schönsten Küstenlandschaften in ganz Neuseeland. – Mitte: Der Abel Tasman National Park gehört zu den meistbesuchten Nationalparks Neuseelands. Viele Besucher genießen seine beeindruckende Landschaft bei sportlichen Aktivitäten wie Kanu- oder Kajakfahren. – Unten: Ein idyllischer Garten umgibt das im Jahr 1855 erbaute Broadgreen House in Nelson.

Die Südinsel – Sonniger Norden im Süden

Provinz der Gegensätze
Marlborough Sounds – Abel Tasman NP – Golden Bay – Blenheim

Die verträumten Buchten mit ihren goldenen Sandstränden zieren viele internationale Reiseprospekte. Ihr Hinterland ist aber meist karg und steinig, die Berghänge sind steil und unzugänglich, die Ansiedlungen eher klein und meistens ziemlich reizlos.

Die drei Nationalparks wiederum sind voller Wunder, und so unterschiedlich wie die Landschaften sind auch die Menschen in diesem Teil Neuseelands: Das milde warme Klima zog Aussteiger an, die töpfern, weben, ökologische Kräuter anbauen und auch ein wenig von Sozialhilfe leben. Typisch für die Gegend sind aber auch alteingesessene konservative Farmer, die sich mit Schafen, Holz, Tabak, Hopfen und Äpfeln befassen.

Sie haben es lange schwer gehabt in der gebirgigen Landschaft und finden das leichte Sein der unbeschwert dahinlebenden Nachbarn eher unerträglich. Auch der neue Reichtum der Weingüter erscheint aus ihrem Blickwinkel frivol.

Im Labyrinth der Marlborough Sounds

Viele Urlauber sehen die Südinsel zuerst vom Schiff aus – an Bord einer Fähre, die von Wellington nach Picton dampft. Tapfer überqueren sie dabei die Cook Strait, die einzige nur 23 Kilometer breite Lücke in der 1600 Kilometer langen Landmasse Neuseelands. In dieser Meerenge pressen sich lebhafte Westwinde zusammen, die dem Breitengrad den Spitznamen »Roaring Forties«, »Brüllende Vierziger« gegeben haben und sich auf bis zu 240 Stundenkilometer beschleunigen können – dann gehen die Wellen meist bis zu zehn Meter hoch. Aber keine Angst: Meist ist die Überfahrt harmlos, oft ein Erlebnis. Sobald man in die Marl-

Links: Das Awaroa Inlet im Abel Tasman National Park kann bei Ebbe zu Fuß durchwandert werden. – Rechts: Der Abel Tasman National Park

borough Sounds der Südinsel einfährt, öffnet sich eine malerische Sunde mit zahllosen kleinen Buchten und Inseln.

Diese Gegend gehört zu den beliebtesten Urlaubsgebieten Neuseelands. Aber selbst in der Hochsaison finden sich noch einsame Plätzchen. Über Immobilienmakler kann man ein Ferienhaus mieten; wer der Natur noch näher kommen will, campiert. Manche Stellen können mit dem Auto oder Wohnmobil erreicht werden, die meisten der ausgefransten Landreste sind allerdings nur per Boot zugänglich. Wassertaxen bringen Urlauber zu einsamen Inseln. Die Kleinststadt Picton am Queen Charlotte Sound ist der Endpunkt der Fähre und Heimathafen für die Wassertaxen. Auf einer Seite der Picton Bay dient ein altes Handelsschiff, die »Echo«, dem Jachtklub als Bleibe. Jenseits der Bucht liegt ein noch viel älteres Schiff – das weltweit letzte erhaltene Exemplar seiner Art: Die »Edwin Fox« wurde im Jahr 1853 in Burma aus Teakholz gebaut, hat erst Sträflinge nach Australien und dann Auswanderer nach Neuseeland gebracht. Ihre faszinierende Geschichte wird in einem kleinen Museum erzählt.

Die reizvollste Rundfahrt mit dem Auto (105 km) führt von Picton über den Queen Charlotte Drive nach Havelock, in ein hübsches altes Dorf am Pelorus Sound mit wunderschönen Aussichten auf das Meer.

Von gutem Wein zu frischem Fisch

Blenheim hat etwa 28 000 Einwohner und gehört zu den sonnenreichsten Städten Neuseelands. Das Klima und der Boden erzeugen seit 25 Jahren außergewöhnliche Weine. Der in Europa oft eher fade Sauvignon Blanc schmeckt hier fruchtig und gehaltvoll. Die meisten Güter sind auf Besuch eingerichtet, viele liegen um Renwick – zu den renommiertesten gehören Cloudy Bay, Te Whare Ra, Allan Scott sowie Hunters.

Die Route von Blenheim nach Nelson (115 km) führt durch das schöne Kaituna Valley nach Havelock. Dahinter zweigt eine Straße zum French Pass ab. Sie führt zum äußersten Nordende der Sounds und zu vielen stillen Plätzchen am Ufer. French Pass selbst ist eine schmale schilfbewachsene Wasserstraße zwischen dem Festland und der D'Urville-Insel, die ihren Namen dem französischen Entdecker Dumont d'Urville verdankt, der hier 1827 sein Schiff »Astrolabe« durchlotste.

Als erster Ort Neuseelands erhielt Nelson im Jahr 1858 ein Stadtpatent – 2700 Bewohner applaudierten damals. Heute leben um die 46 500 Menschen hier an der Tasman Bay mit ihrem geschäftigen Fischereihafen.

Zu den wenigen innerstädtischen Sehenswürdigkeiten gehört der Founders Heritage Park, der aus Oldtimern und einem Museumsdorf von 1880 besteht. Die interessantesten Kirchen findet man außerhalb, in Richmond, Waimea West und Wakefield.

Abel Tasman auf der Spur

Ein Stück landeinwärts führt eine schmale Landstraße als Moutere Highway durch idyllisches Farmland, wo das Dörfchen Upper Moutere

Links: Das malerisch gelegene Restaurant »The Boatshed« in Nelson –
Rechts: Ein idyllischer Garten umgibt das Broadgreen House in Nelson.

von der einstigen deutschlutherischen Siedlung Sarau zeugt. In der Nähe liegt das hübsche Weingut Neudorf, dessen Restaurant zu einer Rast einlädt.

Im Hafen von Mapua duftet es köstlich nach geräuchertem Fisch. Den serviert oder verkauft das Lokal direkt an der Kaimauer.

Motueka bildet das Tor zur Golden Bay und zum Abel Tasman National Park. Die Strände von Kaiteriteri und Marahau laden zum Schwimmen ein – von hier aus kann man auch in den Nationalpark wandern. Vor der Küste des Nationalparks ankerte im Dezember 1642 das Schiff des holländischen Entdeckers Abel Tasman. Und hier kam es auch zum ersten Kontakt – und Konflikt – zwischen Weißen und Maori. Von relativ ebenen Wanderwegen durchzogen, ist der Park heute im Hochsommer stark frequentiert. Man kann dem Waldgebiet dabei von zwei Seiten zu Leibe rücken: Der etwas einfachere, mühelosere Zugang liegt im Süden bei Marahau, in den Nordteil nach Totaranui gelangt man auf einer Stichstraße an der Golden Bay. Dort erwartet einen ein Campingplatz samt Traumstrand, betrieben von der neuseeländischen Naturschutzbehörde DoC. Vier Tage dauert es, die gesamte Küstenlinie des Parks entlangzuwandern; die meisten Besucher begnügen sich aber mit Tagesausflügen und bewältigen den Hin- oder den Rückweg per Wassertaxi.

Naturerlebnisse an der goldigen Bucht

Die Golden Bay ist vor fremden Menschen durch eine Gebirgsmauer geschützt: Sie heißt Takaka Hill und wird von einer Bergstraße überquert, für die erwachsene Autofahrer einen nüchternen Kopf, ihre Kinder einen nüchternen Magen brauchen. Die Bucht selbst bietet vielfältige Attraktionen, die auch in drei Wochen noch nicht erschöpfend erforscht sind. An der windgeschützten Ostseite befinden sich der Hauptort Takaka und einige exquisite Strände. Durch die Te Waikoropupu (kurz: Pupu) Springs fließen oft mehr als 2000 Millionen Liter Wasser pro Tag: die mächtigste Quelle der südlichen Hemisphäre. Nahebei folgt der Pupu

Links: Die Schopf-Fackellilie – Rechts: In der Bucht von Te Pukatea

Oben: Blick über den Lake Pukaki zum Mount Cook (3755 Meter) – Unten: Der Queen Charlotte Sound – Rechts: An der Nordwestspitze der Südinsel liegt die Golden Bay.

Hydro Walkway einem alten Goldgräber-
damm. Im Anatoki River kann man ab
August zahme Aale füttern.

Die Hügel rund um die Golden Bay ent-
halten einige der größten Höhlensysteme
auf der Südhalbkugel. Die Nettlebed
Caves unter dem nahen Mount Arthur
reichen bis in 889 Meter Tiefe, keine andere Höhle Neuseelands liegt tiefer.

Nordwestlich von Takaka erreicht man Collingwood. Hier starten Busse
zu organisierten Ausflügen in die Wildnis auf dem Farewell Spit – einer
35 Kilometer langen Sanddüne, die von über 90 Vogelarten besucht
wird. Periodisch stranden an ihm Wale. Viele der Tiere können von
Naturschützern gerettet werden.

Bis zum Puponga Farm Park am Zugang zur Düne kann man selbst fahren: In dem herrlich gelegenen Informationszentrum wird gut gekocht,
die Umgebung bietet malerische Spazierwege und im obersten Abschnitt
der Westküste herrlich wilde Strände wie den Wharariki Beach.

Einsame Landschaften

Südlich von Collingwood liegt das Tal des Aorere: Dieser mächtige Fluss
mit seinen Schluchten ist einen Tagesausflug wert.

Hier beginnt eine der berühmtesten Wanderungen Neuseelands: Der
Heaphy Track führt in vier bis fünf Tagen durch den Kahurangi National
Park nach Karamea an die Westküste. Zelten ist im Sommer zwar vom
Klima her kein Problem, überaus unangenehm sind aber die ständigen
Angriffe der Sandfly – einer winzigen schwarzen Mückenart, deren Biss
elend juckt.

Diese Plagegeister treiben auch im Nelson Lakes National Park in
Schwärmen ihr Unwesen. Das Naturschutzgebiet fern der Küste umfasst
knapp 100 000 Hektar unberührte Buchenwälder rund um zwei Seen
und bietet Wandervögeln und Forellenfischern paradiesische Aussichten.
An den Lake Rotoiti (»Kleiner See«) grenzt der Weiler St. Arnaud mit
recht gemütlichen Unterkünften. Der Lake Rotoroa (»Langer See«)
besticht mit friedlicher Unberührtheit abseits des Highways.

Die Südinsel –
Neues im Osten

*Very british, indeed: Christchurch wurde von englischen Ein-
wanderern in der zweiten Hälfte des 19. Jahrhunderts gegründet. Deren eher konservativ gestimmte Nachfahren schufen in
der weiten Canterbury-Ebene die englischste Stadt Neuseelands,
arrangierten neugotische Bauten zwischen gepflegte Grünan-
lagen und rund um einen zentralen Platz mit einer steinernen
Kathedrale. Doch diese Stadtmitte, angefüllt mit sehenswerter
historischer Bausubstanz, existiert nicht mehr, seit am 22. Februar 2011 ein katastrophales Erdbeben ganze Straßenzüge zum
Einstürzen brachte. Ganz schlimm traf es auch die Stadtteile
im Osten, wo Sumner angesichts populärer Badestrände eigent-
lich Freizeitstimmung verbreiten will und im Hafen von
Lyttelton Seeleute auf Vergnügungen an Land aus sind. Gut,
dass die Bewohner weiterhin Golf, Rugby, Rasentennis und
Kricket spielen und Touristen hier zu erlebnisreichen Ausflügen
in die Umgebung aufbrechen können: Auf der Banks Peninsula
gilt es Delfine zu beobachten, vor Kaikoura tauchen sogar
Wale auf.*

Die Südinsel – Neues im Osten

Aufbruchstimmung in der Gartenstadt

Christchurch – Akaroa – Wale vor Kaikoura – Hanmer Springs

Christchurch begann als Traum eines jungen englischen Konservativen: John Robert Godley wollte hier eine Kolonie schaffen, in der Staat und Kirche eins sind und eine wohlwollende Oberschicht regiert. In London gründete er die Canterbury Association, die von zwei Erzbischöfen, sieben Bischöfen,

14 Lords, vier Baronen und 16 Parlamentsmitgliedern unterstützt wurde. Zweck der Vereinigung war es, Geld aufzutreiben und Arbeiter für das neue Klein-England zu finden, die nach strengen Kriterien ausgewählt wurden: Ein Auswanderungswilliger musste eine Bescheinigung seines Vikars beibringen, dass er ein »ordentlicher, fleißiger und ehrlicher Mann« sei und »dass er und seine Familie zu den angesehensten Bürgern

der Gemeinde« gehörten. Die ersten vier Schiffe landeten im Jahr 1850 im Hafen von Lyttelton. Doch die hehre Idee zerbrach bald an der Realität einer menschenarmen, jungen Kolonie: Siedler mit anderen Denkweisen und Religionen kamen in die anglikanische Enklave – fünf Jahre später, 1855, löste sich die Canterbury Association auf.

Wiederaufbau tut not

Heute wäre Christchurch eine freundliche, grüne und behagliche Stadt ohne monumentale Skyline, dafür mit scheinbar altehrwürdiger Architektur im Stil der Neugotik sowie einigen hübschen viktorianischen Baudenkmälern. Das starke Beben hat vieles zerstört, das meiste ist für immer verloren, doch was zu retten ist, wird mittels Rekonstruierung erhalten bleiben. Ein ehrgeiziges Unterfangen, das in den nächsten Jahren Engagement, Know-how und viel Geld erfordern wird. Wieder einmal sind hier in den Canterbury Plains Pionierleistungen gefragt, beinahe wie damals während der entbehrungsreichen Gründerzeit.

Links: Der Bach Avon durchzieht Christchurch. – Rechts: Auf der Agrarmesse in Christchurch schmökert ein Wollhändler in der regionalen Zeitung »The Press«.

Wenn alles wiederhergestellt ist, beginnt der Stadtbummel im Zentrum: Cathedral Square hat den Namen von der neugotischen Kathedrale am Platz, deren Grundmauern aus dem Jahr 1864 stammen. Davor war eine Statue des Gründervaters Godley gestellt und soll dort bald wieder stehen. Auch der Polarforscher Robert Falcon Scott, der auf einer nahe gelegenen Insel Hunde für seine Antarktisexpedition trainierte, wird wieder Gestalt annehmen, nachdem er beim Beben den Boden unter den Füßen verloren hat. Der Botanische Garten neben dem Canterbury Museum lässt frei durchatmen. Er ist immer einen Besuch wert, und wer in Christchurch seinen Fernflug beendete, sollte sich diese Pracht als Erstes gönnen – auf einem Spaziergang durch die Anlage und den Hagley Park. Dort kann man Golf sowie Tennis spielen und Rad fahren. Auf den ausgedehnten Wiesen finden im Sommer zahlreiche Feste statt.

Rückblicke und schöne Aussichten

Die Viertel von Christchurch sind praktizierte Klassentrennung – Fendalton und Merivale gerieten eindeutig im Sinne Godleys. Die

Familie Deans hat den längsten Stammbaum aller Kolonisten, ihre Vorväter bauten hier bereits im Jahr 1843 ein Häuschen, sieben Jahre, bevor organisierte Einwanderer kamen. »Deans Bush« geriet zum öffentlichen Park, Eintritt frei (Kauri Road). Einen Einblick in koloniale Wohnverhältnisse gibt Mona Vale, ein ehemaliges Herrschaftshaus, in dessen Garten man an einem Sommertag vorzüglich Kaffee trinken kann (63 Fendalton Road). Der Flughafen liegt am Rand des Nobelviertels Fendalton. Gleich daneben informiert das Antarctic Centre über Expeditionen ins Eis und ihre Verbindungen mit Christchurch. In Stadtnähe führt eine hochmoderne Seilbahn auf die steilen Flanken der Port Hills. Der Blick ist grandios. Auch die der Hügelkette folgende Summit Road, eine lokale Panoramastraße, erlaubt weite Ausblicke sowohl über die Canterbury Plains als auch auf Lyttelton und die weit ins Land reichende natürliche Hafenbucht. Dort an den Anlegestellen starten Boote zu Rundfahrten und treffen sich gegen Abend die Hobbyfischer. Denn Angeln im Meer steht in Neuseeland jedem frei und ist an keine Lizenz gebunden, im Gegensatz zum Fischen an Flüssen und Seen.

Ausflug nach Akaroa

Im Süden von Christchurch quillt die pralle Banks Peninsula aus der Küstenlinie. James Cook soll die Halbinsel nach seinem Reisegefährten und Botaniker Joseph Banks benannt haben; ihre Gestalt bekam sie in grauer Vorzeit von zwei gewaltigen Vulkansystemen. Als deren Flanken zum Meer aufrissen, entstanden zwei herrliche Naturhäfen: die weit ins Land reichenden Buchten von Lyttelton und Akaroa.

Die Hügel der Banks-Halbinsel waren früher von einheimischem Mischwald (»bush«) bedeckt, der zum großen Teil gerodet wurde. Dennoch haben die Täler und Buchten ihren Reiz – an geschützten Stellen gedeihen Kiwifrüchte und Palmen.

Links: Die New Regent Street in Christchurch – Rechts: Vor der Kathedrale von Christchurch steht die moderne Skulptur »Metal Chalice« von Neil Dawson.

Die schönste und einzige größere Ortschaft auf der Banks-Halbinsel ist Akaroa, ungefähr 80 Kilometer von Christchurch entfernt. Die kurvenreiche Fahrt über Höhenrücken dauert mindestens eineinhalb Stunden. Akaroa wurde im Jahr 1838 von einem französischen Walfänger gegründet. Eine winzige Maori-Kirche liegt etwa sechs Kilometer südlich des Ortes im Küstenvorland und ist ebenso sehenswert wie der Friedhof von Akaroa auf einer sonnigen Terrasse neben einem Waldstück (»The Garden of Tane«). Der Ausblick ist prächtig – im Hafenbecken fällt eine lang gestreckte schmale Halbinsel auf, die aussieht wie ein großer auftauchender Wal: Hier stand vor 150 Jahren die Maori-Festung Onawe Pa, bis sie und ihre Verteidiger von einem Stamm von der Nordinsel vernichtet wurden. An der Mole liegt die »Canterbury Cat«: Der moderne Katamaran zeigt seiner zahlreichen Kundschaft auf einer Rundfahrt das sehr hübsche Hafenbecken und darin ziemlich verspielte Tiere. Denn sehr oft tollen Delfine um das Schiff herum.

Langusten, Wale und heiße Quellen

Wer Christchurch in Richtung Norden verlässt, fährt durch die Ebene von Canterbury. Auf den fetten Weiden nährt sich das bei Gourmets sehr geschätzte Canterbury-Lamm, dazwischen liegen Kiefernwälder und Macrocarpa-Haine. Berüchtigt ist der warme, trockene Föhnwind: Von Nordwesten kommend, treibt er den Menschen die Energie aus den Knochen, zehrt an den Nerven und trübt das Gemüt.

Regen fällt meist an der Westseite der Südalpen. Canterbury gehört mit nur durchschnittlich 600 Millimeter Niederschlag im Jahr zu den trockensten Regionen des Landes, weshalb sich die Farmer mit allerlei künstlichen Bewässerungssystemen rüsten.

Die Halbinsel Kaikoura liegt 170 Kilometer nördlich von Christchurch entfernt. Nomen est omen: »Kaikoura« heißt »Languste essen«, und tatsächlich besorgt das etwa 50 Zentimeter lange, scherenlose Krustentier

Links: Wale, die sich oft vor der Küste tummeln –
Rechts: Kaikouras Clifftop Walk eröffnet herrliche Ausblicke auf das Meer.

hier vielen Fischern den Lebensunterhalt. Vor Ort wird Crayfish gekocht und deshalb knallrot verkauft. Der Preis nach Gewicht lässt zwar schlucken, doch Genießer lassen sich das zarte weiße Fleisch trotzdem nur allzu gern auf der Zunge zergehen. Vor der Küste finden auch Wale reichlich Nahrung – kleinere Boote kommen ihnen bis auf 50 Meter nahe. Man sollte vorab reservieren, denn die Whalewatching-Touren sind schnell ausgebucht. Bei rauer See geht allerdings gar nichts. Zum tierischen Besichtigungsprogramm gehören zudem Schwärme von Delfinen und in der Sonne dösende Robben.

An Land ist Fyffe House sehenswert. Die Unterkunft des ersten Weißen hier an der Küste – Robert Fyffe hieß er – zeugt vom anspruchslosen Lebensstil der Pioniere. Ein Ausflug ins Landesinnere führt nach Hanmer Springs. Der alpine Luftkurort wärmt mit seinen Thermalquellen auf. Früher galt für das einzige Schwimmbecken noch eine strenge Geschlechtertrennung. Heute verwöhnen die Thermal Pools aus naturnahen Becken und sprudelnden Wasserläufen geschlechtsübergreifend mit angenehm weichem Wasser zwischen 36 und 40 Grad Celsius.

Die Südinsel –
Wilde Westküste

Die West Coast ist rau und wild, oft regnet es wochenlang, heftig und ohne Unterbrechung. Ungezähmte, weil unbezähmbare Natur hat hier die Menschen geformt: Der typische Coaster ist ein Eigenbrötler, stur, verschlossen und bodenständig. Wer jedoch sein Vertrauen gewinnt, hat einen Freund fürs Leben gefunden, garantiert. Gerade mal 30 000 Neuseeländer leben auf dem 500 Kilometer langen, aber sehr schmalen Küstenstreifen zwischen Tasmanischer See und den steil aufragenden Südalpen. Inmitten üppiger Vegetation halten hier Nikau-Palmen als einzige einheimische Palmenart die Stellung. Der Highway 6 führt in der Ebene lang; mal küstennah, mit Ausblick auf schäumende Brandung und Treibholz auf den Stränden, mal durchs Hinterland, wo das uralte Eis der Gletscher am frischen Grün des Regenwaldes schmilzt. Gold gibt es an der Westküste, früher mehr als heute, und nach wie vor in der Ortschaft Ross – sowie Greenstone, neuseeländische Jade, die in der Kleinstadt Hokitika in jeder Form allgegenwärtig ist.

Oben: Bei Westport, an der Nordseite des in die Tasman-See mündenden Buller River – Mitte: Der Franz-Joseph-Gletscher reicht an der Westküste fast bis auf Meereshöhe hinunter und ist, wie auch der Fox-Gletscher, ein beliebtes Revier für Eiskletterer. Beide Gletscherzungen ziehen sich allerdings seit Jahren zurück. – Unten: Bergwandern ist auf der Südinsel ein beliebtes Hobby. Kleinere Wasserläufe wie am Fox-Gletscher müssen notfalls durchwatet werden.

Die Süd-insel – Wilde Westküste

Die Naturwunder des Westens
Karamea – Pancake Rocks – Hokitika – Westland NP

Wild donnert die Tasman-See gegen die Klippen. Man spürt, wie der Fels unter den Schlägen erzittert. Der Gott, der diese Küste geschaffen hat, war ein Krieger. Dann bricht die Sonne wie eine Reiterlanze durch die Wolkenknäuel und sticht in smaragdgrünen Regenwald, streicht über das grandiose Felsengesicht.

Zweifel kommen auf: Vielleicht steckt hinter den Schlägen gar kein Zorn? Vielleicht ist hier nur ein genialer Bildhauer am Werk, der das Land mit einigem Getöse formen will? Oder ist es ein Maler – einer, der oft seine Meinung ändert, Entwürfe wegwischt und neu beginnt? Als Schwamm könnten ihm die schweren Regenwolken über der Tasman-See dienen:

Westwinde drücken sie gegen die Südalpenkette, pressen sie aus und führen zu sturzbachartigen Ergüssen – von den Dreitausendern der Alpengipfel bis ans Meer sind es oft kaum 30 Kilometer. Was Wunder, dass Muren abgehen, Bäche in Stunden zu Strömen anschwellen und das Land umformen. Die Schriftstellerin Kerry Hulme erlebte hier schon Regen, der »Vögel im Flug erwischt und auf den Boden geschmettert hat; Regen, der Scheibenwischer blockierte«. Am Colliers Creek wurde einmal an einem einzigen Tag, dem 21.1.1994, 682 Millimeter Niederschlag gemessen – so viel fällt etwa auf Hamburg im ganzen Jahr.

Unstreitig ist jedenfalls, dass Menschen hier an der Westküste der Südinsel von der Natur allenfalls geduldet werden – auf Zeit. Maori suchten in dieser Gegend ihren »Stein der Götter«, die grüne Jade in den Flüssen. Robbenjäger und Walfänger jagten, bis es nichts mehr zu jagen gab. Dann kamen die Goldsucher. Nun ist das Gold selten geworden und sie graben weiter nach Kohle. Oder sie fällen die 600 Jahre alten

Links: Eine Hängebrücke überspannt einen wilden Fluss auf dem Hooker Valley Track nahe Mount Cook. – Rechts: Die Pancake Rocks im Paparoa National Park

Rimubäume und machen Mobiliar draus. An ihrer Stelle pflanzen sie schnell nachwachsende Pinien. Wieder aufforsten nennen sie das: Es ist ein Drama, von dem große Bereiche der 500 Kilometer langen Küste nur deshalb verschont bleiben, weil sie als geschützter Nationalpark ausgewiesen wurden.

Palmen und Pfannkuchenfelsen

Karamea liegt am nördlichsten Ende der Westküste und ist nur über eine Stichstraße erreichbar. Der Ort hat ein sonniges Mikroklima samt Palmen und ist so klein, dass man ihn leicht verpassen könnte. Über Schotterstraßen gelangt man zu den umliegenden Sehenswürdigkeiten: Dort, wo der Kohaihai-Fluss ins Meer mündet, liegt eine wunderschöne Lagune mit einem herrlichen Campingplatz. Hier beginnt die Küstensektion des Heaphy Track, der in vier bis fünf Tagen durch den Kahurangi National Park in die Golden Bay führt. Im Oparara-Becken warten außergewöhnlich schöne Kurzwanderungen zu wuchtigen Kalksteinbögen und wilde Touren durch wahrhaftigen Urwald auf den Reisenden.

Nervenstarke können es auch mit dem extremen Wildwasser des Karamea (Grad fünf auf der sechsteiligen Skala) aufnehmen. Westport zog einst Goldsucher an und lebt heute von der Kohle – in einer 100 Jahre alten Brauerei im Hafen informiert das sehenswerte Coaltown Museum über den hiesigen Bergbau. Fünf Kilometer

südlich stößt man auf den Buller-Fluss, eine Straße durch das schöne Tal verbindet die Küste mit dem Nelson Lakes National Park. Das nahe gelegene »Cape Foulwind« hat James Cook so genannt. Hier gibt es zwei hübsche Strände (Tauranga Bay, Carters Beach) und eine Seehundkolonie, bei der eine zweistündige Küstenwanderung beginnt. Etwa 24 Kilometer südlich von Westport bietet Mitchells Gully Gold Mine eine gute Gelegenheit, Goldsucherarbeit kennenzulernen.

Die Pancake Rocks (»Pfannkuchenfelsen«) im Paparoa National Park haben ihren Namen von dünn geschichtetem, unterschiedlich hartem Gestein, dem Erosion die Gestalt gestapelter Omeletts gegeben hat. Ein kurzer Spaziergang führt an den Formationen vorbei. Am aufregendsten sind sie bei lebhaftem Westwind, wenn die Brandung gegen die Felsen kracht. Dann sind auch die sogenannten »blowholes« in Betrieb – das sind Kamine im Gestein, durch die mit ziemlich großem Druck Wasser spritzt. Der umliegende Nationalpark mit seinen Palmen, warmen Flüssen und dem Mikroklima ist durchaus mehrtägige Erkundungstouren per Kanu wert.

Weiches Gold und harter Stein

Rund 10 000 Hartgesottene leben in Greymouth von Kohle und Fischfang – hinter einem Wall, den Flutkatastrophen erzwungen haben. Wenn hier die Sonne doch einmal scheint, kann man den nördlich gelegenen Rapahoe Beach besuchen, einen der wenigen sicheren Badestrände an der Küste.

Links: Die Westcoast ist ein wahres Wasserland, ihre zahlreichen Seen bieten Fotografen reizvolle Spiegelungen. – Rechts: Wildromantische Sandbank in Monroe Bay

Im Süden der Stadt liegt »Shantytown«; die liebevolle Sammlung von Originalgebäuden aus der Goldrauschzeit lädt zu kurzer Dampflokfahrt und zum eigenhändigen Goldwaschen ein.

Wer ab Reefton dem Highway 7 nach Osten folgt, kann über den Lewis Pass Hanmer Springs und Christchurch erreichen. Eine zweite Straße nach Osten geht südlich von Greymouth in Kumara Junction ab; sie berührt Lake Brunner, den größten See der Westküste und führt durch den Arthurs Pass National Park an die Ostküste. Dieser Nationalpark ist 100 000 Hektar groß und hat zwei sehr verschiedene Seiten: Im Westen wächst Regenwald – das Klima ist nass, aber mild –, der Osten ist trocken und im Winter eiskalt.

Hokitika ist touristisch das Zentrum der Westküste. Der Ort wirkt freundlicher als Greymouth. Wo sich vor 135 Jahren rund 20 000 wilde Menschen dem Goldrausch hingaben, leben heute nur noch etwa 3500, die ihr Bier trinken und die Ruhe weghaben. Besucher spazieren gern am Flussufer entlang zum schönen, wilden, mit viel Treibholz bedeckten Strand. Im nahen Arahura-Fluss wird Jade geborgen: Die Färbungen des edlen, stahlharten Steins reichen von blasstürkis bis dunkelgrün – je nachdem, wie hoch der Eisenanteil ist. Den helleren Stein schätzten die Maori als Schmuckstück, den dunklen dagegen verwendeten sie wegen seiner Härte und Elastizität als Waffe. »Killerstone« – »Mörderstein« – heißt der Stein ganz unpoetisch.

Als Geste der Versöhnung übergab die neuseeländische Regierung im Jahr 1997 alle Jade-Lagerstätten im Land den Ngai Tahu – dem auf der Südinsel dominierenden Maori-Stamm. Auch an den Läden von Mountain Jade und Seaside Jade, beide in Hokitika, sind Maori beteiligt.

Berge, Gletscher und eine Lagune

Die 147 Kilometer lange Strecke von Hokitika zum Westland National Park führt durch Ross, wo einst ein drei Kilo schweres Goldnugget gefunden wurde, vorbei an drei Seen (Ianthe, Wahapo, Mapourika) und über einen Berg (Mount Hercules). Der lohnendste Abstecher ans Meer endet in Okarito: Strand und Lagune bilden hier den malerischen Hin-

Links: Am Strand von Ship Creek – Rechts: Mount Cook und Mount Tasman

Oben: Bergsteigen am Fox-Gletscher – Unten: Oberhalb der Schneegrenze sorgen Niederschläge für mehr Schnee, als abschmelzen kann. – Rechts: Bergwandern auf der Südinsel

tergrund zu einer Kolonie weißer Reiher.
Der Westland National Park schützt auf
88 000 Hektar eisige Naturwunder, die ihm
den Status eines Weltkulturerbes der Menschheit einbrachte. Vor dem Hintergrund der
höchsten Berge Neuseelands (Aoraki Mount
Cook und Mount Tasman) fließen hier zwei
Gletscherzungen durch tiefgrünen Regenwald bis auf 300 Meter Seehöhe. Der Grund für diese seltene Naturerscheinung macht Besucher
jedes Jahr nass bis auf die Knochen: Enorme Niederschläge füttern die
Gletscher auf den Hochplateaus schneller mit Schnee nach, als sie an der
Talsohle abschmelzen. Die 30 Fahrminuten voneinander entfernten Gletscher sind nach dem österreichischen Kaiser Franz Joseph und nach Sir
William Fox, einem neuseeländischen Premierminister des 19. Jahrhunderts, benannt. In beiden Fällen ist der Weg vom jeweiligen Parkplatz
zum Gletschertor in etwa einer Stunde zu bewältigen. Vorsicht: Der
schnelle Gletscherfluss macht die Zone um das Gletschertor instabil, Ab-
sperrungen sind zu beachten. Wer weiter auf das Eis will, sollte sich führen lassen. Bei schönem Wetter ist auch ein Hubschrauberflug gut
angelegtes Geld.

Alpengipfel im Blick

Frühaufsteher im Weiler Fox können an den Lake Matheson fahren und
um den See gehen. Steht man an seinem Westufer, spiegeln sich in ihm
die Dreitausender der Südalpen. Der Spazierweg Minehaha eröffnet dem
Wanderer Regenwald an der Hauptstraße. Die 20 Kilometer lange Fahrt
nach Gillespies Beach lohnt sich dagegen wegen der Meer- und Alpen-
blicke. Südlich des Weilers Franz Joseph, der ein interessantes Besucherzentrum beherbergt, führen Schilder zu einem Abenteuerpfad namens
Copland Track: eine Alpenüberquerung, die man ohne Führer tunlichst
unterlassen sollte. An der Brücke über den Fluss Paringa steht eine
Gedenktafel für Thomas Brunner: Der Engländer erforschte ab dem Jahr
1846 als erster Weißer zusammen mit zwei Maori die Westküste von
Norden nach Süden – in 560 Tagen, barfuß, ehe er hier am Paringa
kehrtmachte.

Die Südinsel – Tief im Süden

Neuseelands tiefer Süden hat seinen Kern in herrlichen, hoch-alpinen Bergketten, riesigen, märchenstillen Gletscherseen und ausgedehnten Hochplateaus, auf denen unzählige Schafe weiden. Die Küstenlandschaften sind fantastisch und abwechs-lungsreich: Im Fjordland bewahrt der größte Nationalpark die natürliche Schönheit des berühmten Milford Sound, auf der Otago-Halbinsel kann man Königsalbatrosse, Pinguine und das einzige Schloss des Landes aus der Nähe sehen, und jenseits der meist aufgewühlten Foveaux Strait wartet das ultimative Naturerlebnis Stewart Island. Mittendrin kommt Central Otago ganz ohne Meer aus und lockt trotzdem als Ferien- und Freizeitziel: Die sonnenverwöhnte Binnenregion glänzt gerne mit sommerlichen Rekordtemperaturen jenseits der 30 °C und bietet im Winter schneesichere Hochlagen, ideale Verhältnisse für Skifahrer und Snowboarder. Mekka aller Sportskanonen und Draufgänger ist hier Queenstown, in scheinbar harmloser Idylle am See gelegen, aber berüchtigt als Abenteuerspielplatz.

Oben: Stewart Island, 1746 Quadratkilometer groß, liegt südlich der Südinsel und wird von dieser nur durch die Foveaux Strait getrennt. – Mitte: Ungezähmte Naturgewalten im Fiordland National Park, dem mit mehr als 12 000 Quadratkilometern größten Nationalpark des Landes – Unten: Kelp ist eine Art Seetang, der vor Stewart Island zu ganzen »Wäldern« heranwächst.

Die Südinsel – Tief im Süden

Bergland, Fjordland, Zauberland – und eine Insel

Aoraki Mount Cook – Otago – Milford Sound – Stewart Island

Von Christchurch ins Mackenzie-Hochland und bis zum Aoraki/Mount Cook National Park führt der Weg zuerst die Küste entlang nach Süden. Ist der mächtige Rangitata-Fluss überquert, wendet sich die Straße landeinwärts, steigt an und mit dem Burke's Pass eröffnet sich eine andere Welt: Mackenzie Country ist karges  *Hochland, in dem ein goldfarbenes Büschelgras (Tussock) dominiert. Trotzdem werden hier die Schafherden satt. Seinen Namen bekam das Mackenzie Country von einem vermeintlichen Dieb: Mehr als 1000 gestohlene Schafe sollte der Schotte James Mackenzie im Jahr 1855 hierher getrieben haben, wofür er im Gefängnis saß, bis sich 140 Jahre später seine Verurteilung als Justizirrtum herausstellte. Anscheinend war der gälische Schafhirte, frisch im Land und kaum des Englischen*

mächtig, vom wahren (unbestraft gebliebenen) Dieb nur als ahnungsloser Treiber für die blökende Konterbande ausgenutzt worden.

Alpines Paradies

Lake Tekapo ist eine wahre Pracht: Über 20 Kilometer hinweg erstreckt sich seine intensiv türkisblaue Wasserfläche, bekränzt vom Alpenbogen. Gletscher formten ihn vor 20 000 Jahren, heute wird er von deren Schmelzbächen gefüttert. Das macht das Wasser kalt und ungewöhnlich schön. Steinmehl vom Gletscherabrieb gibt dem See die Farbe. Für den Vordergrund der obligaten Fotos empfiehlt sich die winzige Church of the Good Shepherd am Seeufer, die Kirche des guten Hirten. Daneben haben Farmer ein Denkmal für ihre Hirtenhunde errichtet.

Nahebei liegt der Mount Cook, den die Maori Aoraki nennen: Der höchste Berg Neuseelands ist seit einem Felssturz im Jahr 1991 nur noch 3754 Meter hoch, aber damit überragt er die Nummer zwei, den Mount Tasman, immerhin noch um gut 257 Meter. Der hochalpine Aoraki/

Links: Die Wasserfallterrassen von Purakaunui bei Owaka – Rechts: Die Otago-Halbinsel vor Dunedin schützt den Hafen vor den Brechern des Südpazifiks.

Mount Cook National Park umfasst auf engem Raum 140 Zweitausender und fünf der größten Gletscher Neuseelands. Zu den Besonderheiten zählen Keas – große, freche Bergpapageien im grünen Anzug mit orangefarbenen Abzeichen unter den Flügeln; bemerkenswert sind auch seltene Falken- und Eulenarten. Star unter den Pflanzen ist die Mount Cook Lily (Ranunculus lyalli). Der Park ist nur von Osten über eine 60 Kilometer lange Stichstraße zugänglich, die den gletscherfarbenen Lake Pukaki entlangführt.

Die schönste einfache Wanderung führt ins Hooker Valley. Man geht den Gletscherbach entlang und sieht nach eineinhalb Stunden den Aoraki Mt. Cook vor sich. Wer weiter aufsteigen will, sollte gut vorbereitet und erfahren sein, denn die meisten Touren im Park sind für Halbschuh-Alpinisten nicht geeignet.

Moa-Jäger und Pioniere

Südlich des Mackenzie Country fließt das Land in sanften Wellen – Brauntöne dominieren, Sonnenlicht mischt Gold und Ocker bei, der

Herbst färbt Laub flammend gelb und rot:
Dies ist das Kernland der Provinz Otago.
Maori haben diese himmlische Komposition vor etwa 1000 Jahren als Erste gesehen, als sie den über drei Meter großen
Moa jagten, der hier in Herden vorkam.
Die europäische Ära begann im Jahr
1847 mit Landvermessern, denen meistens schottische Siedler folgten. Letztere besiedelten innerhalb von

15 Jahren alles Weideland und gründeten die Stadt Dunedin als neuseeländisches »Eden auf dem Hügel«. Das hört sich alles ganz einfach an –
tatsächlich litten die Menschen unter Schneemassen im Winter, Überschwemmungen im Frühjahr und Flächenbränden in der sommerlichen
Dürre. Außerdem kamen Hunger, Kindersterben, harte Arbeit von früh
bis spät hinzu – alles in der Hoffnung auf ein Stück eigenen Grund und
Boden und bescheidenen Wohlstand. Neu gemischt wurden die Karten
erst 1861, als der Australier Gabriel Read 93 Kilometer westlich von
Dunedin in einer Erosionsrinne im heutigen Lawrence auf Goldklumpen
stieß – ein Jahr später schürften in »Gabriel's Gully« etwa 11 500 Menschen nach dem vergoldeten Glück und damit doppelt so viele, wie die
Provinzhauptstadt Dunedin seinerzeit Einwohner hatte. Das Einkommen der Region Otago verdreifachte sich binnen Jahresfrist; immer
weitere Goldsucher kamen mit Schiffen aus Australien, immer neue
Goldvorkommen wurden an Flüssen entdeckt – und für kurze Zeit war
der Shotover River mit 155 Gramm Gold pro Schaufel die ergiebigste
Goldquelle der Welt.

Goldgräbergeschichten

Heute verdienen die Leute in Otago ihr Geld ruhiger und beständiger:
Heiße, trockene Sommer und (manchmal sehr) kalte Winter sind gute
Bedingungen für Steinobst und Schafe. Wasserkraftwerke decken einen
Großteil des landesweiten Bedarfs. Letzteres führte gegenüber der dichter

*Links: Der Bahnhof von Dunedin – Rechts: Zwei Verkörperungen lokaler Macht auf
einem Bild: Blick von den Säulen der Bank auf das Rathaus von Oamaru*

bevölkerten und wirtschaftlich besser gestellten Nordinsel zu einem zunehmend selbstbewussten Auftreten der Südländer, die ihrem Ärger mit dem Ausruf »Cut the cable!« – »Schneidet ihnen das (Strom-)Kabel durch!« Luft machen. Kraftwerke veränderten auch die Landschaft. So überflutete beim Bau des großen Dammes in der Nähe des Örtchens Clyde der entstandene Stausee, Lake Dunstan, das Clutha Valley – und damit auch das Goldgräberstädtchen Cromwell. Viele der historischen Gebäude wurden allerdings in Einzelteile zerlegt und anschließend im »neuen«, höher gelegenen Cromwell wieder aufgebaut. Relikte aus Goldsuchertagen begegnen einem auch bei jeder Fahrt ins Hinterland: 25 Kilometer nördlich von Cromwell liegt die Geisterstadt Bendigo. Wind pfeift durch die verfallenen Steinhütten, und wer genau hinhört, dem erzählt er vielleicht auch die Geschichte der Mary Ann, die – von ihrem Bräutigam sitzen gelassen – am Tag ihrer Hochzeit von Cromwell nach Bendigo kam und noch am selben Abend im Saloon zu arbeiten begann: Das Barmädchen im Brautkleid soll die Goldsucher damals so begeistert haben, dass sie binnen weniger Stunden sämtliche Alkoholvorräte (und wohl auch sich selbst) erschöpften.

Erholung am Seeufer

Wohlhabende Leute aus Christchurch haben ihre Ferienhäuser an einem schönen See in Wanaka: In nur zehn Jahren stieg die Zahl der ständigen Einwohner von 200 auf 6500, die Atmosphäre blieb ungemein friedlich. Golfplätze und weiche Hotelbetten machen die Erholung fast unvermeidlich – darüber hinaus lädt der Lake Wanaka zum Segeln und Fischen ein und in seiner Umgebung findet man schöne Spazierwege. Eine besonders prächtige Straße den See entlang führt in den Mount Aspiring National Park. »Prächtig«, meint in diesem Fall die Aussicht. Wenn Regen oder Schneeschmelze die Wildbäche anschwellen lassen, gibt es hier selbst für Allradfahrzeuge kein Durchkommen mehr – wer dann noch im Park ist, sitzt fest.

Links und Rechts: Queenstown steht für Bungee und Adrenalinsportarten.

Nervenkitzel am Seeufer

Freier Fall von der alten Brücke über dem Kawarau River: In der gleichnamigen Schlucht begründete der Erfinder des »Bungy Jump«, A. J. Hackett, sein Mutprobenimperium. Und es floriert offenbar nach wie vor. Alle paar Minuten stürzt sich ein Mensch ins Leere, beobachtet, geknipst und gefilmt von ganzen Menschentrauben, die von zwei Plattformen aus freie Sicht auf die Sprünge genießen. Queenstown selbst wirkt dann auf den ersten Blick geradezu verträumt. Es liegt am schönsten Punkt des über 80 Kilometer langen Lake Wakatipu und seine Hausberge heißen zu Recht »Remarkables« – die »Bemerkenswerten«. Doch die Idylle trügt: Der Ort hat einen internationalen Flughafen, eine wilde Mischung aus rauen Manieren und schnellem Geld (früher Gold, heute Tourismus) und das Freizeitangebot ist dichter und aufregender als irgendwo sonst in Neuseeland. So sind die reißenden Flüsse um Queenstown, allen voran der Shotover, Schauplatz rasanter Schlauch- und Jetbootfahrten. Schwindelanfälle garantiert die Mountainbikeabfahrt in den nahen Skippers Canyon. Für wagemutige Autofahrer (nur mit 4WD!) gibt es auch eine

Art Straße in diese Schlucht, wo sich einst Tausende von Goldsuchern abmühten. Der Wakatipu dürfte der eindrucksvollste See in der ganzen Region Otago sein: Einer Maori-Legende zufolge ist er entstanden, als ein Held einen schlafenden Riesen anzündete, um seine gefangene Braut zu retten. Der Riese starb im Feuer,

die Beine im Schmerz angezogen. Sein Fett brannte ein Loch in die Erde, Hitze breitete sich aus – Schnee und Eis der umliegenden Berge schmolzen ab und füllten das Loch mit Wasser. Daher hat der See seine Form und seinen Namen: »Wakatipua« bedeutet die »Höhle des Riesen«. Das Herz des Riesen, so die Legende, hat nie aufgehört zu schlagen: Sein Rhythmus lässt den Wasserpegel bis heute stetig steigen und fallen – ein Phänomen, das Wissenschaftler vielleicht richtig, aber leider auch todlangweilig mit Luftdruckschwankungen erklären …

Ausflug an die Fjordküste

Queenstown ist auch das Tor zum Fiordland National Park – mit 12 095 Quadratkilometern der Größte seiner Art und von den Vereinten Nationen in den Status eines Weltkulturerbes der Menschheit erhoben (»World Heritage Park«). In dieser kaum berührten Wildnis stehen 500 Jahre alte immergrüne Buchenwälder, dazwischen gewaltige Baumfarne und prächtige Moose. Steil ragen die Flanken urtümlicher Gebirgsstöcke auf und überall ist Wasser: das Meer, riesige Seen, zahllose Bäche und Flüsse, Wasserfälle wie die Sutherland Falls, die mit fast 600 Metern Fallhöhe auch im internationalen Maßstab gewaltig sind – und unheimlich viel Regen. Die durchschnittliche Niederschlagsmenge von etwa sechs Metern im Jahr macht den Nationalpark zu einem der feuchtesten Gebiete der Welt. Zum mystischen Charakter dieser Landschaft passen tief ins Land schneidende Fjorde von surrealer Schönheit. Die meisten Bewunderer unter ihnen hat der Milford Sound.

Links: Gewitterstimmung bei Portobello auf der Otago-Halbinsel –
Rechts: Legendär: Die Steinkugeln der Moeraki Boulders

Schottische Stadtgründung

Dunedin mit seinem gälischen Namen kann die Herkunft der Gründergeneration kaum verleugnen. Sparsamkeit sollte man der zweitgrößten Stadt der Südinsel mit ihren knapp 120 000 Einwohnern allerdings nicht nachsagen, denn zumindest in den Tagen des Goldrausches wurde hier großzügig gebaut. Ursprünglich sollte der Stadtplan dem heimatlichen Edinburgh nachgebildet werden, mit einem achteckigen Zentrum namens Octagon, einer Princes und George Street und einem Moray Place. Auf die tatsächliche Lage der Bucht wurde bei den ursprünglichen, noch in 19 000 Kilometer Entfernung entstandenen Plänen keine Rücksicht genommen, und auch vor Ort hielten die Siedler eisern an ihnen fest.

Das dürfte mit ein Grund dafür sein, dass es in Dunedin die steilste Straße der Welt gibt. Die Baldwin Street steigt je Meter Länge um 1,1266 Meter an. Mit der Stadt selbst ging es nach dem Ende des Goldrausches eher bergab, auch wenn man seit etwa 100 Jahren kräftig dagegenhält. So wurde die Universität erweitert, in die Pädagogische Hochschule wie in diverse Fachschulen investiert.

Otago Peninsula: tierisch was los

Naturfreunde finden auf der vorgelagerten Otago-Halbinsel wahre Schätze. Hier leben Königsalbatros und der seltene Gelbaugenpinguin (auch Hoiho-Pinguin). Die Zufahrt folgt der Bucht des Otago Harbour – ein 20 Kilometer langer Fjord, der sich wie ein Finger schräg in die Küstenlinie bohrt. Früher segelten dort Maori Kriegskanus, Walfänger und Dreimaster, heute schwimmen Containerschiffe zum Hafen Dunedins in Port Chalmers.

Nach zehn Kilometern erreicht man Glenfalloch – ein elf Hektar großes Gartenareal mit Herrenhaus, das sich als Rastplatz eignet. Die Maori-Kirche und das Versammlungshaus in Otakou, 26 Kilometer davon entfernt an der Tamatea Road, sehen zwar aus wie geschnitzt, sind aber

Links: Der seltene Gelbaugenpinguin ist vermutlich der stammesgeschichtlich älteste Pinguin der Welt. – Rechts: Der 970 Meter hohe Lindis Pass

aus Beton gegossen. Auf dem Friedhof dahinter liegen drei bedeutende Maori-Häuptlinge des 19. Jahrhunderts begraben: der kriegerische Taiaroa, Ngatata – ein Häuptling aus dem Norden – sowie Karetai, der von den Missionaren zum Christentum bekehrt wurde. Sonst ist nicht viel übrig von dieser Siedlung, die einst der Halbinsel wie der Provinz ihren Namen gab.

Am Ufer des Hafenbeckens stößt man auf ein paar Überbleibsel der im Juli 1832 von den Brüdern Weller gegründeten Walfangstation. Von Wellers Rock sind es nur ein paar Meter zum Penguin Place: Hier kommt man dem seltenen Hoiho-Pinguin (Megadyptes antipodes) bis auf Armeslänge nahe. Das ist fast wie im Zoo, nur umgekehrt – die Tiere in Freiheit, die Menschen eingesperrt: Zu den Nistplätzen der Vögel führen mit Tarnnetzen versehene Laufgräben zu Unterständen. Die beste Besuchszeit ist die Abenddämmerung, wenn die putzigen Pinguine aus dem Meer kommen und zu ihren Nestern watscheln.

An Wellers Rock hält auch die »Monarch«, um Passagiere an Bord zu nehmen: Das alte Motorschiff tuckert durch das Hafenbecken zu den

Taiaroa Heads. Auf diesen Klippen nisten Königsalbatrosse (Diomeda epomophora) in der einzigen bekannten Festlandkolonie. Die größten flugfähigen Vögel der Welt mit mehr als drei Metern Spannweite sind auch die elegantesten Segler. Ein erwachsener Albatros erreicht Geschwindigkeiten von bis zu 110 Stundenkilometern und fliegt durchschnittlich 190 000 Kilometer im Jahr. Eine spezielle Flügelhaltung erlaubt es den Tieren, im Flug zu schlafen. Die Vögel verbringen den meisten Teil ihres Lebens auf dem Meer. Sie können auf dem Wasser landen, brauchen aber eine sehr ruhige See, um wieder starten zu können. Alle zwei Jahre kehren die Königsalbatrosse an die Taiaroa Heads zurück, wo die Paare ein Ei ausbrüten. Nach elf Wochen, im Februar, schlüpfen die Jungen. Vater und Mutter fliegen bis zu 2500 Kilometer ins offene Meer hinaus, um Nahrung für ihr Küken zu sammeln. Ende September sind die Jungen flügge – erst in vier Jahren kommen sie wieder hierher, um selbst zu brüten.

An der Highcliff Road liegt Larnach's Castle, Neuseelands einziges Schloss: William J. M. Larnach, ein Bankier und Kabinettsmitglied, ließ

es ab dem Jahr 1871 bauen, um seiner Frau, der Tochter eines französischen Herzogs, einen standesgemäßen Wohnsitz mit 44 Dienstboten zu bieten. Englische und italienische Handwerker arbeiteten zwölf Jahre lang und verwendeten nur die allerbesten, aus Europa importierten Materialien – doch die adelige Dame starb, bevor das Schloss fertiggestellt wurde. Larnach, von zwei weiteren Ehen und Spekulationsverlusten erschüttert, erschoss sich im Jahr 1898 in einem Sitzungssaal in Wellington. Sein Schloss ist heute ein Museum, zu dem auch ein Café und ein Hotel gehören.

Last Exit Antarktis

Schon ziemlich nahe am Südpol ist man in Southland. Das Wetter gleicht dem des schottischen Hochlands – Sommertage, an denen die Thermometer mehr als 20 Grad Celsius messen, gelten schon als Hitzewelle. Dass man selbst Nieselregen einen gewissen Wohlstand verdanken kann, beweist Invercargill, die südlichste Stadt des Commonwealth mit ihren rund 50 000 Einwohnern. Der Regen lässt das Gras hier ganzjährig wachsen, was wiederum die Schafe mästet – und die Leute wissen das auch durchaus besonders zu würdigen: In der Esk Street steht das wohl einzige Grashalmdenkmal der Welt.

Einen Besuch wert sind das Southland Museum und der es umgebende Queens Park. Der nördlich der Stadt gelegene, 24 Hektar große Anderson Park ist das Geschenk eines reichen Geschäftsmannes an seine Mitbürger und beherbergt auch eine Kunstgalerie. Im Süden dehnt sich der hübsche Oreti Beach aus und 27 Kilometer südlich von Invercargill markiert der Hafen Bluff die südlichste Ansiedlung der Südinsel. Eine neben der Post beginnende Straße führt auf den Bluff Hill – von hier bietet sich das Umland wie auf einer Relieflandkarte dar. In der rauen Foveaux Strait liegen Austernbänke, die zwischen März und August nach genauen Vor-

schriften abgeerntet werden. Im eiskalten, kristall-
klaren Wasser der Strait gedeiht diese Nobelmu-
schel (Bluff Oyster) besser als sonst irgendwo auf
der Welt. Eine Neuregelung der Fangquoten lässt
übrigens seit dem Jahr 1997 auch Maori teilhaben
am großen Geschäft.

Insel unterm Himmelsleuchten

Stewart Island liegt 32 Kilometer südlich von
Bluff vor der Küste und ist 1746 Quadratkilo-
meter groß – das wäre in etwa Platz genug für vier europäische Groß-
städte. Tatsächlich leben hier jedoch nur etwa 500 Menschen.
Ist man einmal da, wirkt die Ruhe überwältigend – das Hinkommen
kann allerdings ein Problem sein. Flugzeuge kämpfen mit dem Wind,
Boote mit Wellen, die Fähre – ein moderner Katamaran – braucht über
eine Stunde. So mancher Naturliebhaber geht mit apfelgrünem Teint
und einem kernigen Fluch auf den Lippen von Bord – auch deshalb sind
die Insulaner so gern am Hafen, wenn die Fähre anlegt. Flugplatz und
Hafen liegen beide nahe bei Oban, wo die meisten Inselbewohner leben.
Dieser Ort in der Halfmoon Bay ist der einzige Siedlungsplatz der Insel.
Neben dem »South Sea Hotel« mit seinen 30 Betten finden die immer
zahlreicher anreisenden Touristen auch in Lodges und Frühstückspen-
sionen Unterkunft.
In Sachen Strom ist man auf Stewart Island Selbstversorger. Sonst wird
hier wenig produziert. Die frühen Siedler hatten Sägewerke, Walfang-
stationen und Zinnminen, die inzwischen allesamt verfallen sind. Heute
lebt man vom Meer, von Lachsen und Langusten.
Nur 15 Minuten sind es von Oban bergauf zum Observation Rock. Hier
blickt man weit über Küste und Meer – neben den drei Inseln Faith,
Hope und Charity (Glaube, Hoffnung, Güte) sieht man auch Paterson
Inlet, eine Bucht, die tief ins Innere der Insel ragt. Im Sommer sinkt die
Sonne oft erst um zehn Uhr abends. Wer da am Observation Rock steht,

Links: Ungezähmte Naturgewalten im Fiordland National Park –
Rechts: Der Milford Sound mit dem spitz zulaufenden Gipfel des Mitre Peak

der begreift, warum die Maori Stewart Island »Rakiura« nennen – »Himmelsleuchten«.

Ausdauernde Wanderer gehen im Nordteil der Insel den »North Circuit«. Für den Rundweg von der Halfmoon Bay zum Mount Anglem – mit 975 Metern der höchste Berg der Insel – und über Paterson Inlet zurück braucht man etwa acht bis zehn Tage. Alle vier Wegstunden liegt eine Hütte, die zehn müde Wanderer aufnehmen kann. Durchschnittlich 255 Regentage im Jahr machen den Boden oft tief und schlammig.

Eines sollte man auf Reisen in Neuseeland nie vergessen: Wer immer nur das macht, was er sicher kann, erlebt nicht viel – das Land mag Menschen, die sich an ihre Grenzen wagen. Das hat nichts mit Extremsport zu tun. Es bedeutet, auch einmal durch eine Furt zu waten, die Schuhe um den Hals, statt über die Brücke zu fahren oder in eine Landkneipe zu gehen – nicht an einen separaten Tisch, sondern mitten unter die Leute an der Bar. Wer so über seinen Schatten springt, den belohnt Neuseeland: für den Moment mit reichen Eindrücken; fürs Leben mit Erinnerungen, die jung bleiben – so jung wie das Land, aus dem sie stammen.

Die Top Ten Neuseelands

Waipoua Kauri Forest

Die Kauri-Fichte ist der urtümlichste Baum Neuseelands: Stämme von 15 Meter Umfang wachsen über 1000 Jahre hinweg bis zu 50 Meter hoch. Noch vor 150 Jahren bedeckten riesige Wälder das Land nördlich von Auckland und auf der Coromandel-Halbinsel. Dann wurde diese Pracht in den Sägemühlen der Weißen zu Bauholz verarbeitet. Heute ist der Kauri-Wald von Waipoua der letzte Rest dieser einstigen Herrlichkeit. Eine 16 Kilometer lange Straße führt hindurch. Die Naturdenkmäler Tane Mahuta (Gott des Waldes) und Te Matua Ngahere (Vater des Waldes) sind zu Fuß in wenigen Minuten auf bequemen Wegen zu erreichen. In Matakohe informiert das Kauri-Museum über den Raubbau der Vergangenheit.

Urewera National Park

Ein zerklüftetes Gebiet im Osten der Nordinsel. Es sollte immer wieder vermessen, gerodet und in Farmland umgewandelt werden. Aber seine Maori-Bewohner, die Tuhoe, wussten dies mit zähem Widerstand zu verhindern und machten so den heute mit 2110 Quadratkilometern größten Nationalpark der Nordinsel möglich. Die Rimu-, Rata- und Buchenwälder sind wunderschön. Sie bieten Besuchern herrliche Wanderwege. Das Zentrum liegt in Aniwaniwa am Lake Waikaremoana (»See der kleinen Wellen«).

Tuhoe bieten geführte Wanderungen und Touren mit Pferden an. Der Waikaremoana-See ist ein Paradies für Paddler. Er ist, das felsige Ostufer ausgenommen, von einem 55 Quadratkilometer großen Wald umgeben.

Mokoia-Insel

Mitten in Rotorua liegt diese Oase der Stille und Beschaulichkeit im See: Die Insel war bis vor 150 Jahren dicht besiedelt, auf künstlichen Terrassen wurde die Süßkartoffel Kumara kultiviert. Nga-Puhi-Krieger aus dem Norden löschten die Siedlung aus. Heute ist die Insel ein Vogelschutzgebiet der Naturschutzbehörden und auch ohne Genehmigung zugänglich.

Zu Neujahr auf den Taranaki

Mount Taranaki ist der schönste unter den Vulkanen Neuseelands. Auf drei Seiten von der Küstenlinie umgeben, erhebt sich seine Majestät symmetrisch bis zum Gipfel auf 2518 Meter Höhe. Der gleichnamige Nationalpark bildet einen engen Kreis um den Vulkankegel und enthält den letzten Rest unberührter Wälder in Taranaki. Gute Straßen führen zu drei Schutzhütten auf 900 Meter Seehöhe. Die bequemsten Betten im weiten Umkreis hat die »Dawson Falls Tourist Lodge«. Von hier führen Wanderwege zu spektakulären Aussichtspunkten. Ein Gipfelsturm ist auch für Nicht-Alpinisten möglich und wird zu Neujahr von vielen Kiwis unternommen. Der Aufstieg dauert vier bis fünf Stunden.

Abel Tasman National Park

Der Park liegt zwischen Tasman Bay und Golden Bay und bietet auf 225 Quadratkilometern viele leichte Wanderungen durch Regenwald zu subtropischen Badebuchten. Er ist deshalb im Hochsommer an seinen Rändern stark frequentiert. Von den Endpunkten der Zufahrtsstraßen aus kann man in Marahau und Totaranui zu Tageswanderungen in den Park aufbrechen.

Walbeobachtung

Die Küste vor der Halbinsel von Kaikoura ist rau, das Wasser kalt – Wale schätzen es wegen seines Nährstoffreichtums. Pottwale futtern und spielen das ganze Jahr über, Orcas kommen zwischen November und Februar. Nur die Buckelwale nehmen auf Reisezeiten keine Rücksicht – sie tauchen zwischen Juni und Juli auf. Spezielle Boote fangen das Echo der Tiere auf und kommen ihnen bis auf 50 Meter nahe. Die Touren ab 10.30 Uhr sind oft zwei Wochen zuvor ausgebucht – am Morgen oder am Spätnachmittag sind die Chancen besser.

Fahrt von der Westküste nach Otago

Einen Tag sollten Sie sich für die Strecke von den Gletschern im Westen zu den Seen in Otago Zeit nehmen: Wer in Fox beginnt, kommt zunächst an die Seen Paringa und Moeraki. In Knight's Point genießt man einen Ausblick auf die Küstenlinie im Norden und Süden, außerdem kann man Seehunde beobachten. Bei Ship Creek lässt sich ein 20-Minuten-Ausflug in den Regenwald unternehmen. In Haast Junction informiert das World Heritage Visitor Centre über den Fiordland National Park. Hier starten auch Haast Marine Safaris an die unbewohnte Jackson Bay, wo man Delfine, Pinguine und Seehunde beobachten kann. Die Hauptstraße verlässt in Haast Junction die Küste und führt über den Haast-Pass durch den Mount Aspiring National Park. Einen Vorgeschmack auf die hiesigen Schönheiten vermittelt ein halbstündiger Abstecher zu den Blue Pools. Hinter Makarora beginnt die Alpen- und Seenwelt von Otago mit ihren Seen Hawea, Wanaka und Wakatipu.

Milford Sound

Das Kronjuwel im Süden der Westküste ist der Fiordland National Park, Neuseelands größter Nationalpark. Entsprechend viele Besucher kommen denn auch hierher, doch mit einer guten Planung kann man die Landschaft selbst zur Hochsaison in ihrem ganzen Zauber erleben. Wichtig ist dafür, den Reisebusverkehr im Auge zu behalten. Fahren Sie nicht vor 9 Uhr morgens in Queenstown ab; dann sind Sie an den schönen Plätzen ziemlich allein und können, am Milford Sound angekommen, das meist leere Drei-Uhr-Boot zur Rundfahrt auf dem Sound nutzen.

Per Boot zu den Königsalbatrossen

Die Otago-Halbinsel ist Dunedins bestes Stück. Will man ihr gerecht werden und ein wenig träumen, sollte man sich für die 81 Kilometer lange Rundfahrt einen Tag Zeit nehmen. Die schönsten zwei Stunden beginnen an Wellers Rock, einer längst aufgegebenen Walfangstation: Hier hält die »Monarch« – ein altes Motorschiff, das mit knapp 40 Passagieren durch das Hafenbecken zu den Taiaroa Heads tuckert. Auf diesen Klippen nisten Königsalbatrosse.

Die Küstenlandschaft Catlins zwischen Dunedin und Invercargill bietet spektakuläre Aussichten. Bei Romahapa erreicht man Nugget Point, ein Naturschutzgebiet samt malerischem Leuchtturm (1869), in dem Pinguine und Tölpel, Seehunde und Seelöwen zu beobachten sind.

Register

Impressum

Verantwortlich: Marianne Huber
Korrektorat: Viola Siegemund
Layout: graphitecture book & edition
Repro: LUDWIG:media
Kartografie: Astrid Fischer-Leitl
Umschlaggestaltung: Frank Duffek
Herstellung: Miriam Tönnes
Printed in Italy by Printer Trento

Unser komplettes Programm finden Sie unter www.bruckmann.de

Bildnachweis: Alle Bilder des Umschlags und des Innenteils stammen von Clemens Emmler, außer: Oliver Bolch: S. 10 u., 11, 31 2. v. u., 32 u., 36/37, 39, 40, 41, 45, 47 o., 51, 59, 77, 82 u., 84/85, 86 u., 87, 101, 111; Picture Alliance: 24 (Leue, H.); Shutterstock: 10 o. (Anna Vtorykh), 31 2. v. o., 32 o. (krisArt), 47 2. v. o., 48 o. (Veronika Surovtseva), 63 2. v. o., 64 o. (NaDo_Krasivo), 81 2. v. o., 82 o. (Ungureanu Alexandra), 95 2. v. o., 96 o. (Le Panda), 105 2. v. u., 106 o. (marssanya), 113 2. v. o, 114 o. (Yana Boyko), 123 li. u., 124 o. (Arkela), 138 (Vanatchanan).

Seite 1 li.: In den Marlborough Sounds; re.: Der nachtaktive Kiwivogel ist ein nationales Symbol.
Seite 2/3: Die Bruce Bay am Abend
Seite 4/5: An der Einfahrt zum Hokianga Harbour

Umschlag: Vorderseite (v.o.n.u.): Die Otago-Halbinsel vor Dunedin; An der Ostküste der Coromandel Peninsula; Farnblatt (Shutterstock/NaDo_Krasivo), Kiwivogel (Shutterstock/Anna Vtorykh), Berggipfel (Shutterstock/Yana Boyko), Schwertwal (Shutterstock/marssanya); Rückseite: Nugget Point liegt in einem Naturschutzgebiet, in dem Pinguine und Seehunde zu beobachten sind.

Die Deutsche Nationalbibliothek verzeichnet diese Publikation in der Deutschen Nationalbibliografie; detaillierte bibliografische Daten sind im Internet über http://dnb.d-nb.de abrufbar.

© 2017 Bruckmann Verlag GmbH, München
ISBN 978-3-7343-0820-8